OHSAMA BUNKO

自分のまわりに「ふしぎな奇跡」がいっぱい起こる本

越智啓子

三笠書房

はじめに

自分のまわりに、たくさんの幸運があふれ出す！

あなたは、「奇跡」を信じますか？

きっと信じているから、この本を手に取ってくださったのだと思います。

「奇跡」とは、自分でも思いもかけないような〝いいこと〟が起こったり、いつか実現したらいいなと願っていた〝夢〟が突然に現実化したりすることです。

そして、私たちの人生では、そんな素敵で不思議な出来事が〝特別なこと〟ではなく、〝当たり前のこと〟として何度も起きているのです。

人生で起こるすべてのことを、私たちは自分の「思い」で引き寄せています。

ですから、「奇跡は起きる」と信じる人には、必ず奇跡が起こります。

私は精神科医ですが、治療には西洋医学の療法だけでなく、さまざまな方法を取り入れています。

自然界のアロマ（香り）やクリスタル（水晶）を使うヒーリング、手から出るエネルギーを施《ほどこ》す手当て療法（ハンドヒーリング）、相手の魂を感じて子守唄のように歌うヴォイスヒーリングといった「エネルギー療法」などです。

さらに、あとでくわしくお話しする「過去生《かこせい》療法」を行ない、多くの人たちの心と体を癒せるように努めています。

これまで多種多様な病気の患者さんと向き合ってきましたが、ユニークな治療を行なっているせいか、現代医学では説明できない奇跡も数々、目《ま》の当たりにしてきました。

また、私自身、小さい頃から「普通の人には見えないもの」を見たり感じたりすることも多く、生まれながらの難病を克服する過程では不思議な体験も数多くしてきたのです。

こうした私自身の実体験や、医師としてたくさんの患者さんを診《み》てきた経験から、**人生の出来事は、すべて意味があって起こる**のだということが、はっきりとわかってきました。

つまり、奇跡とは、偶然に起こるものではなく、一定の「しくみ」に基づいて起こるのです。

この本では、そうした**「奇跡が起こるしくみ」**について、エッセンスを凝縮してわかりやすくお話ししていきます。

私たちの人生は、一瞬、一瞬の積み重ねです。ですから、人生のすべての出来事は一瞬で起こりますし、思いもかけなかった〝いいこと〟が起こるのも、夢が実現するのも一瞬なのです。

人は幸せになるためにこの世に生まれ、夢を叶《かな》えるために生きています。

人生は楽しむためにあるのです。しかめっ面をして修行するためにあるのではありません。
どうぞあなたの毎日に、もっともっとたくさんの〝いいこと〟を引き寄せ、自分らしく人生を楽しんでください。

あなたにたくさんの「奇跡」が起こりますように！

越智　啓子

もくじ

1章 「奇跡が起こるしくみ」を知っていますか

……過去生から引き継いだ「魂の宿題」とは？

2章 「あの人」が伝えている大切なメッセージ

……個性あふれる「脇役」がいるから人生ドラマは面白い

3章 「心はワクワク、体はゆるゆる」で魂は光り輝きます
……幸運に恵まれるのは「リラックスがうまい人」

4章 「言葉」には、人生を好転させる不思議な力があります

……唱えるだけで「いいこと」続々！

5章　もっと「私らしく」輝いてもいい

……「命」をきらめかせて生きるために

編集協力　歌代幸子

プロローグ

あなたが「この本を手に取ったこと」は偶然ではありません

「ありがとう」を言いたくなる出来事が次々起こる秘密とは？

実は私自身、奇跡的に命を救われた体験が何度かあります。

一度は、もう三十数年前のことです。当時、東京に住んでいた私は、アイボリーの色のクラシックカーに乗っていました。いつも自分で洗車して、大切な相棒のような気持ちで運転するほど、とても大事にしていたのです。

ところが、ある日、外出先から戻ってガレージへ入れたところで異変に気づきました。車のフロント部分の真下が真っ赤な液体で染まって血の海のようになっていたのです。

もしかして気づかぬうちに猫でもひいてしまったのではないかしら……とショックで動けずにいると、当時の夫が駆《か》けつけてきました。

そして、赤い液体を指でさわりながら言ったのです。

「知らなかったの？　車のエンジンオイルは真っ赤なんだよ」

あわてて車の修理を頼むと、ベテラン技師の男性も一目見て驚き、

「よく途中で爆発しませんでしたね。もし爆発していたら、奥さん、命がなかったですよ。これはまさに奇跡ですね！」

と声をあげました。

もし車を運転している最中にエンジンオイルが漏《も》れていたら、たちまち引火して爆発していたことでしょう。まさにすんでのところで惨事をまぬかれたのです。

あやうく命を落とすところだったと思うと体がふるえ、涙が込《こ》みあげてきました。

「ありがとう、ありがとう……」

私は泣きながら、愛車を何度もなでていました。長い間、走り続けてくれた愛車も、ついに最期のときを迎えたのです。

車には、「長く使われるものをつくりたい」という設計者や製造者の愛が込められています。また、私も含めて、大切に使い続けてきた人たちの愛も加わります。

そうした「思い」に応えるかのように、この車はここまで事故を起こさずに、最後まで私を守ってくれたのです。

奇跡は「愛」と「信じる力」と「感謝」の三点セットで起こる

自分のまわりにいる人たちに感謝を忘れず、自分がいつも使用しているモノを大切にしている人、そして自分自身のことを愛し、信じる力がある人には、「ありがとう」と言いたくなるような現象が不思議と引き寄せられてきます。

そして、そうした現象に対して「ありがたいなぁ」「こんなうれしいことが起こるなんて、ありがとう」と心から感謝していると、なぜか自分の願いが次々と叶う状態になるでしょう。

つまり、**「奇跡」とは、「愛」と「信じる力」と「感謝」の三つがセットになったときに起こるようになっている**のです。

私たちは、奇跡だらけの人生の真っただ中にいます。

奇跡というと「特別な人に起こる特別な現象」のように思いがちですが、決して一部の人にだけ起こる特別なことではありません。

みなさんが気づいていないだけで、どんな人の日常生活の中にも、素敵で不思議な出来事が起きている瞬間はたくさんあるのです。

私たちの人生には「しくみ」があります。この「しくみ」を理解すれば、自分の人生に〝願ってもない、いいこと〟を次々と起こすのは、難しいことではありません。

その「しくみ」については、1章でくわしく書いていきますが、その前にみなさんに知っておいていただきたい「人生の真実」が三つあります。

①人生は自分の「思い」によって創造されている
②私たちは「選択の自由」を持っている
③「人生のシナリオ（流れ）」は生まれるときに自分の魂が書いている。変更も可能

この三つの「真実」を知り、「愛」と「信じる力」と「感謝」にあふれて生きている人には、奇跡が起きやすくなるのです。

「医学の常識を超えたこと」が次々と……

「奇跡は起きる」と信じる人には、たしかに奇跡が起こる！

これまでの経験から、私はそう実感しています。

私は医師として、これまで多くの方の「命」と向き合ってきました。私の沖縄のクリニックには、重い病気を抱えた患者さんも訪れます。そして、その方たちにいくつもの「奇跡」が起きているのです。

ある日、心臓病のため主治医から手術をすすめられていた女性が、どうしても手術を受けたくないと私のクリニックに見えたことがありました。

　彼女にさまざまな治療を施しながら、心臓病になった原因を探っていたところ、「過去生療法」で謎《なぞ》が解けました。

　彼女は「過去生」、すなわち現世に生まれ出る前に送った人生（「前世《ぜんせ》」とも言われます）において、不必要な罪悪感から自分で自分の胸を刺してしまったことがあったのです。

　不思議に思われるかもしれませんが、それが彼女の心臓病の原因でした。

　そこで私は「罪悪感を解放するためのイメージ療法」を彼女に施しました。すると、彼女は「胸がすっきりしました」と言い、その後、願い通りに快方に向かい、結局、心臓の手術を受けなくてすんだのです。

末期ガンの進行が止まった――

　またあるときは、末期の前立腺ガンの男性が妻に連れられてやってきました。

ガンになった原因を「過去生療法」で取り除く治療をはじめたところ、まだ寿命ではないことがわかりました。それを伝えると、彼は「自分はきっと助かる」と希望を持つようになったのです。

以来、夫婦ともに主治医が驚くほど明るく朗《ほが》らかになったのですが、彼はガンが脊髄《せきずい》に転移して歩けなくなり、入院を余儀なくされます。

彼に代わって妻が私のクリニックに来たとき、私はちょうど、バドガシュタイン鉱石を取り寄せたところでした。この鉱石は、ラジウム放射線を放出し、ガンの抑制にも効果があると言われているのですが、私は直感的にその石が「彼の病気に効く」と感じたのです。まさに彼のために取り寄せたかのようでした。

「これは絶対にいいと思うわ！」

と、私はその石を妻に託《たく》しました。

石を受け取った彼がさっそく病巣のあたりに当ててみると、何か大きな力を感じたそうです。その後も「自分はこれで治る」と信じて、彼は石を病巣に当て続けました。

すると、驚くようなことが起きました。しばらくして病院でレントゲンを撮ったところ、脊髄を圧迫していた部分のガンがきれいに消失していたのです（後日、レントゲン写真のコピーを見せてもらって私も驚きました）。

さすがに主治医も「信じられない、不思議だ」を連発していたそうです。彼はその後、無事に退院できました。末期ガンの進行が止まったのです。

まさに、**医学の常識を超えた「奇跡」**です。

過去生の〝癒えなかった悲しみ〟が結石に

このようなこともありました。

二十六歳の青年が仕事中、過労のため突然、痙攣《けいれん》を起こして倒れ、意識不明に陥《おち》りました。その母親がＩＣＵ（集中治療室）に入っている息子のことが心配で、いてもたってもいられず、私の沖縄のクリニックを訪ねてきたのです。

そこで、母親を通してＩＣＵにいる息子の「過去生療法」を行なってみると、母と子がイギリスで夫婦だった過去生があり、当時、夫であった息子が、妻であった母よりも先に亡くなっていたことがわかりました。

青年に遠隔治療を施しながら、なぜか私は、「今回はよみがえってくることになっているから、大丈夫ですよ。必ず意識は戻ります」と断言していました。そして、母親は私のその言葉を信じて息子のいる病院へ帰っていきました。

すると、その後、本当に彼は意識を回復したのです。周囲から**「奇跡の人」**というあだ名をもらい、退院を待つばかりとなりました。

ところが、突如腹痛が起こり、尿路と左腎《さじん》に結石が見つかります。彼は主治医を説得して特別に外出許可をもらい、私のクリニックに母親と二人でやってきました。

彼に「過去生療法」を行なっていると、結石の原因がわかりました。彼は、イタリアに生まれた過去生もあり、そのときに、五人の子供を次々に病気で亡くしていました。そのときの悲しみが癒えず、今世の彼の人生に結石という形で現われていたのです。

そして、その石が、私の「エネルギー治療」で溶けて流れていくイメージが、私には見えました。そこで、

「大丈夫よ！　今、あなたの悲しみを解放したことで石のかたまりが崩れて砂状に溶けて流れたから、もう石はないわよ！」

と彼に伝えたのです。

彼は病院に戻ってから、主治医に必死に頼み込み、再びレントゲンを撮ってもらいました。

主治医が「撮ったばかりなのに、消えているわけがないよ」と言いながらしぶしぶ撮ってみると……なんと石はきれいさっぱり消えていたそうです。

再び「奇跡」が起きたのです。

彼は、その後退院し、復職して元気に働いています。

このように、私たちの人生には、ときに「信じられないようなこと」が起こるのです。

そして、今、数多《あまた》ある本の中からこの本を選び手に取ってくださったことは、あなたに「奇跡が起こる予兆」なのだと私は感じています。

そう、今はまさに「願ってもみなかったようなこと」「うれしいサプライズ」が起きる、はじまりのときなのです。

それを実際に体験していただくために、まず1章で「奇跡が起こるしくみ」を解き明かしていきましょう。

1章

「奇跡が起こるしくみ」を知っていますか

……過去生から引き継いだ「魂の宿題」とは？

私たちは「生まれ変わり」を繰り返しています

実は、私たちは、今まで何度も「生まれ変わり」を繰り返し、さまざまな人生を体験してきています。

仏教の世界では、私たちの魂が生まれ変わりを繰り返すことを「輪廻《りんね》転生《てんしょう》」と言っています。

「そんなこと、信じられない」

「それを証明することはできるの？」

と、半信半疑の方も多いことでしょう。そうした気持ちも、よくわかります。

実際、生まれ変わる前の過去の人生（過去生）を記憶している人はごく一部ですし、以前は私自身も信じられませんでした（あることがきっかけで、自分の過去生をさかのぼる体験をしたのですが、そのことについては後ほどくわしくお話しします）。

誰しも「前世からの課題」を持ち越しています

人は、何十回、何百回と生まれ変わりを繰り返す中で、それぞれの人生で味わった「さまざまな感情」を自分の内面に蓄積してしまっています。過去の人生の記憶はなくても、私たちの中には溜《た》め込まれている感情があるのです。

そうした感情は一般的に**「潜在意識」**と呼ばれます。

この潜在意識は、ときに私たちが何か行動を起こそうとする気力を奪ってしまうこともあります。

「何だか一歩踏み出せない」「どうせ私なんて、何をやってもダメだ」……過去の人生の記憶によって、こんなふうに無意識のうちに、心にブレーキがかけられていることがあるのです。

でも、安心してください。

私たちが生まれてくるときには、こうした**「潜在意識となった感情を解放するプログラム」**もまた、たくさんインプットされてきているのです。

そして、そのプログラムを実行していくこと――これこそが実は私たちの人生の課題であり、チャレンジなのです。

「やり残したこと」を実現するいいチャンス

私たちが「今の時代」に生まれたことには意味があります。

歴史をみると、文明の変化には一定のサイクルがあり、「物質文明」が繁栄《はんえい》する時期と「精神文明」が繁栄する時期が交互にやってきます。

近代はヨーロッパを中心に築かれた資本主義社会による「物質文明」が繁栄した時期です。今はそれが崩れかけ、より「精神的な豊かさ」が充実する文明に大きく転換しようとしています。

つまり、今の時代は精神性を重視する流れにあるため、「潜在意識を解放するプログラム」を実行するのに、とてもよい環境になってきたのです。

ですから、過去の人生で思い残したことや、やり残したことがあったとしても、それらを今回の人生でまとめて体験できるチャンスの多い、すばらしい時代に入ったと言えるのです。

あなたが書いた「人生のシナリオ」とは？

人は「何のために」生まれてくるのでしょうか？

そして、「自分の人生」は、この先、どのような展開になるのか、すでに決まっているのでしょうか？

実は、私たちはどのような人生を生きるのか、あらかじめ「人生のシナリオ」を書いて生まれてきています。でも、

「そんな、夢も希望もない！」

「えっ？　自分の意思とか努力とかは反映されないの？」

とがっかりする必要はありません。

たいていの人のシナリオは「おおまかなもの」なので、いくらでも変更可能だからです。

そして、**「人生のシナリオ」は、その人の「魂」のレベルに合わせて、どんどん豊かになっていくのです。**魂が成長すればするほど、あなたの人生は豊かになり、充実していく、ということです。


さて、私たちの魂は転生を繰り返していく中で、「こういう体験をしてみよう」と未知のことにも挑戦するうちに、うれしい、楽しい、つらい、痛い、悲しいなど、さまざまな感情を味わうことになります。

そうした感情を純粋な子供のようにその場で十分に味わっていれば、マイナスの感情を溜め込んで、その感情が「潜在意識」となって次回の生に持ち越されることはありません。でも、マイナスの感情があるのに見て見ぬふりをし、胸の内に秘めてしまうと、その感情が「潜在意識」となり、本来は光り輝いているはずの魂を雲のように覆《おお》ってしまうのです。

でも、その後に楽しさや喜びを味わい、

「私には、こんなパワーがあったんだ!」

「自分もまだまだ、捨てたものではないな」

と思えるようになると、潜在意識を覆う雲がサッと取り払われ、魂はいっそう強い輝きを放ちます。つまり、落ち込むような経験、つらくて胸がつぶれそうな体験も決してムダにはなりません。

それを乗り越えたあとに待っているのは、そのつらかった思いを超える、さらに大きな喜びです。そして、喜びが大きければ大きいほど、魂は光り輝くのです。

「人生一切ムダなし」です。

こうしてさまざまな経験を積む中で、**魂が成長して輝きが大きくなると、「人生のシナリオ」が、よりドラマティックに変化**します。

「刺激を受ける経験」が魂を磨きあげるのです

また、私たちの現在の人生の経験は、次の人生（来世《らいせ》）のシナリオにも影響します。

特に、人の話を聞いたり、自分とは違う生き方にふれたりして、「刺激を受ける経験」はプラスの効果をもたらします。

「困難かもしれないけど、面白そうだから自分もチャレンジしたい」

「あの人のように輝きたい」

と願うと、次の人生を生きるときに、そのことに挑戦しようという気持ちになるからです。

走り高跳びにたとえてみましょう。最初のうちは「跳べるだろうか……」と不安になるでしょう。

でも、他の人に「私にもできたし、なんでもないよ！」と励まされたら、「そうか」と意欲も湧き、何度か練習するうちに「思ったより、簡単！」と跳べるようになります。

すると、「もっと高いバーを跳んでみたい」と、チャレンジする気持ちが湧いてきます。

これは、人生でも同じで、前向きに、意欲的に、自分なりの課題を次々にクリアする人生を送っていると、**次の人生で、より高く、よりドラマティックな「人生のシナリオ」を用意することにつながる**のです。

あなたの中にある「魂の宿題」とは何でしょう

「この夢を実現したかった」
「あの人への愛を、もっと上手に表現したかった」
「こんなことにも挑戦したい」

こうした「思い残し」や「やりたいこと」があると、それらは潜在意識となり、次に生まれ変わったときには、それらを「思いっきりやってみたい！」と思うようになります。

このように前回の人生でやり残したことを「やってみたい」と思うようになるのが、前述した「潜在意識となった感情を解放するプログラム」なのです。

私はそのプログラムを**「魂の宿題」**と呼んでいます。

この宿題は人によってさまざまですが、小さいものから大きいものまで、その「魂の宿題」を一つひとつ解いていくのが私たちの人生なのです。

今の人生を見るだけでは想像できないかもしれませんが、私たちは生まれ変わりを繰り返す中でたくさんの経験を積んでいます。「宿題」をやり遂げながら、同時に新しいことにもチャレンジして、魂を成長させてきたのです。

私たちの魂には、そうした努力や挑戦の「歴史」が組み込まれ、次に転生したときの「人生のシナリオ」につなげていくようになっています。私たちの魂はより高いところを目指し、新たなチャレンジをしているのです。

「これもやってみたかった！」「こんなこともできそう！」と、自分の魂がやり残した宿題をあれこれたくさん抱えて生まれてきた人は、どうしても「波瀾万《はらんばん》丈《じょう》の人生」になるようです。

課題を次々とこなしていく必要がありますから、変化に富んだ一生なのは仕方ないことなのですね。

人生が波瀾万丈な人は、「なんで私だけ……」と悩んだり落ち込んだりしなくても大丈夫です。あなたは「もっと魂を成長させたい！」という意欲にあふれた人、つまり素敵な「チャレンジャー」なのですから！

「余命一年」と言われたら……

もしあなたが今、「人生のシナリオ」を書くとしたら、どんな生き方にするのでしょうか？

私は、「人生の癒し」をテーマとしたワークショップを開いていますが、そこで実践している、みなさんの意識が変わるとても面白いプログラムがあります。

まず、

「余命あと一年と言われたら、何をしますか？」

と質問し、その答えを思いつくままスケッチブックに書いてもらいます。

さらに、余命を三カ月、一カ月、一週間、あと一日として、それぞれの答えを書いてもらいます。

その後、私は「お帰りなさい」と声をかけ、**今回の人生が終わった（〝あの世〟に戻ってきた）ところをイメージ**してもらいます。そのうえで、

「今回の人生はどうでしたか？　日本人としてどんな人生でしたか？　楽しかった？」

と質問し、一人ひとりにこれまでの人生を考えてもらいます。

そのあと、さらに次へ進んで、こんな言葉をかけるのです。

「みなさんの魂はちょっと気が早いようで、すぐ生まれ変わりたがっています。では、次の人生のシナリオを書いてみましょう」

まず、男性か女性かを選んでもらいます。現代では性別の枠にしばられず、〝天使〟のようにニュートラルな生き方を志向する人もいますが、とりあえず男女いずれかを選んでもらいます。

「では、次に生まれるのは、どこの国がいいですか?」

イタリア、フランスなどヨーロッパの国々は人気ですが、実際には日本を望む人が多いようです。

「誕生日は、何月頃がいいですか?」

春がいい、秋が好きだからと考えながら、それぞれに日にちを書いてもらいます。

「では、どんな家族構成を選びますか?」

このように、実際の人間関係まで細かく考えていくのですが、この過程は単なる思いつきではなく、実は**自分の「潜在意識」、つまり内面に潜んでいる感情や願望などに気づき、今まで持っていた意識を変えるためのワーク**なのです。

私たちは「一つ前の人生」の影響を強く受けています

では、実際に転生するに際して私たちが「人生のシナリオ」を書くとき、まず最初に決めるのはどんなことだと思いますか？

それは、自分が最も叶えたい夢――つまり、**「人生の目的」**です。

仕事であったり、自分の家庭をつくることや、芸術や音楽などクリエイティブなことへの挑戦であったりと、「人生の目的」は人それぞれです。

そして、今回の人生のテーマとなる**「人生の目的」を決めるときに、特に強い影響を及ぼすのは、今の一つ前の人生**です。

私の場合、「直前の人生」は、広島の原爆で亡くなった七歳の男の子でした。そのため、今回の人生では「平和運動」や「平和の祈り」など、平和に貢献できる活動がたくさんできるようにと計画してきたのです。

「絶対に次はこういうことをしたい！」という思いが残っていると、それが今回の人生での「人生の目的」になることが多いようです。

たとえば恋愛関係でも、「もっとあの人が喜ぶような愛情表現をしたかった」と悔やむ気持ちが残っていると、それを解消するために本来やりたかったことの続きをしたくなります。

人間関係でやり残しがあれば、さまざまな人と関わるように転職を繰り返すかもしれません。

また、過去の人生で訪れたある国の文化や風土への憧《あこが》れから、「あの感動をもう一度味わいたい」と、その国を選んで生まれてくることもあります。

過去における魂の思いの強さによって、今回の「人生の目的」を決めてきているるのです。

あなたが「親を選んで」生まれてきたのです

このように「人生の目的」を決めたら、次は、それを実現するためにどんな環境に生まれるかを選びます。

一番のポイントは、「親」です。自分が決めた人生の目的を叶えるために、それに適した親、親族を選ぶわけですね。

スポーツ選手であれば、イチロー選手のように「指導してくれる父親」を選んだり、音楽など芸術を志す人は「自分の夢を理解して支えてくれる母親」を選んだりすることが多いようです。

・

「誕生日」については、宇宙のさまざまな星から影響を受けます。自分の人生の目的を実現するため、一番影響のある星の運行を考え、日にちを選んで生まれてくるのです。

だから、誕生日をもとに占う西洋占星術はかなり当たるのでしょう。

また、**「誕生地」**にも浅からぬ縁があり、私たちが日本に生まれてきたのにも、それ相応の理由があります。一つには日本独自の文化に憧れ、その伝統を継ぐために生まれてきたということがあるかもしれません。

日本は小さい島国ですが、実は世界の大陸の縮図、相似形になっているという説があります。北海道は北米で、本州はユーラシア大陸、四国はオーストラリア、九州はアフリカ大陸に似ています。そう考えると、自分がそこで生まれた意味を感じる人もいるでしょう。

私は福岡県北九州市の八幡《やはた》に生まれました。世界地図でアフリカ大陸と照らし合わせると、まさにエジプトのあたりです。あとでお話しする私自身の過去生においても、エジプトとは深い関わりがあることがわかりました。

私たちの魂は、生まれ変わるときに「人生の目的」を実現するための「人生のシナリオ」を書きます。

自分の魂が「人生のシナリオ」を書くとは、そこに出てくる**「誕生日」「誕生地」「親」を自分で選んでいる**ということなのです。

「奇跡」へスイッチが切り替わるとき

私たちは、**「親」を選んで生まれてくる**――「人生のシナリオ」で重要なのはこの点です。

「自分で今の親を選んだなんてとても思えない！」

親子関係がうまくいかず、衝突ばかりしている人は、そう反論したくなるかもしれません。

幼少期に虐待《ぎゃくたい》された経験があったり、親との葛藤《かっとう》を抱えていたりする人にとっては、「自分が親を選んで生まれてきた」ということに、かなり抵抗感を覚えると思います。

実際、私自身もずっと母との葛藤があったので、「親を自分で選んで生まれてくる」と知ったとき、自分があの厳しい母を自ら選んで生まれてきたとは、なかなか思えず、受けとめるのには時間がかかりました。

人生をすべて受け入れる「腹のくくり方」

しかし、焦《あせ》らなくてもいいのです。あなたもゆっくり時間をかけて、その時々の自分の感情を大事にしてみてください。

いつか必ず〝受け入れられるとき〟が訪れます。

自分はこの親がいたからこそ、ここまで成長できたのかもしれない――そんなふうに思えたら、感謝の気持ちが自然に湧いてくるようになるでしょう。

「私を産み、育ててくれてありがとう」

と思えたら、そこが人生の大きな変わり目です。

「すべては自分が選んできた」

「自己責任なのだ」

と腹をくくり、自分の人生をしっかりと受け入れられるようになるのです。


これまでは何かうまくいかないことがあれば、親のせい、まわりのせい、社会のせい……と自分以外の誰か、何かのせいにしてきたかもしれません。そんな責任転嫁の姿勢をあらため、

「今の人生は自分が経験したくて選んだのだ」

と思うことで、「自分らしさ」「主体性」を取り戻せます。

すると、魂の輝きが強くなって人生のスイッチが切り替わり、「奇跡」が頻繁《ひんぱん》に起こるようになるのです。

◆「波瀾万丈」でスタートした私の人生

「奇跡」は誰にでも起きます。そしてその形は人それぞれ本当にいろいろです。

私自身、「波瀾万丈な人生」を歩む中で、そのことを実感してきました。

母はとても美しく聡明な人で、父とは深く愛し合って結ばれました。両親は素敵なカップルでした。

ところが、長女の私が二万人に一人という副腎《ふくじん》の難病を持って生まれ、母親はひどく悲しんだようです。

そのうえ、一年後に誕生した待望の長男が、わずか一歳半で病死してしまったのです。

今思うと、あの頃の母の苦しみは、このうえもなく深かったことと思います。愛する息子を亡くし、幼い娘は難病を抱え、気の休まるときなどなかったことでしょう。しかも父に心配をかけないようにと、母は私の病気のことをしばらく父に言わなかったそうです。祖母だけには伝え、二人で必死に耐えていました。

そのせいか、子供の頃の記憶に残る母は、とても恐かったことを覚えています。あるとき、何かのはずみに母から、「あなたは橋の下で拾ったのよ」と言われ、私は泣きながら近くの橋のたもとへ行きました。七つも橋があったので、一つずつ訪ねては、それらの橋のたもとで一人でうずくまっていたこともありました。幼いながらに傷つくことは多かったのです。

しかも、病気の治療はそれはつらいものでした。手術を受けたり、副腎ステロイドホルモンの投与による副作用にひどく苦しんだり……。自分は他の子と違うのだと悩み、五歳のときには自ら命を絶とうとしたことさえありました。これ以上、母を苦しめなくてもいいようにと、この世から消えてしまいたかったのです。

お棺に入る直前に「奇跡の生還」を果たす

その後、疫痢《えきり》（粘液下痢を主症状とする幼児の急性感染症。高熱、昏睡《こんすい》などを起こす）になって自分が望んだ〝死〟に近づく仮死状態に陥り、お棺《かん》まで用意されました。

ところが、お棺に移そうとしたところで奇跡的に仮死状態から生き返ったそうです。葬儀社の人も「お棺が戻ってくるのは、はじめてだ」と驚いたといいます。

奇跡の生還でした。

私はそこで一回生まれ変わったのです。

その後も病院とは縁が切れず、医者の心ない態度に傷つくことも度々《たびたび》でした。難病というだけでモルモットのように扱われることさえありました。

そんな私が、なぜ医者の道を志したのか――。

一歳半で亡くなった弟の死の原因が、かかりつけの医師による誤診にあると知ったからです。小学三年生のとき、母にその事実を聞かされました。

強い衝撃を受け、あまりに家族が悲しんでいる様子を思い出して、「医者になりたい」と思いました。

医者を信頼できない部分もありましたが、**〝自分は人を悲しませるような医者にはならない……〟と強く思った**のです。

母もまた医者の道へ進むことを望んでいました。病気により私が子供を産めない体だと告げられていたので、将来は誰に頼らずとも、一人で生きていける職業に就《つ》いてほしいと願っていたそうです。

〝コンプレックスの固い殻〟をどう破っていったのか

将来への目標はできましたが、十代の私は、自分に自信を持つどころかいくつものコンプレックスを抱え、固い殻の中に閉じこもっていました。
薬の副作用はひどく、顔がはれあがり、体もむくんで、リウマチのような症状まで出ていました。思春期の多感なときだけに、心は暗く沈み込むばかりでした。中学校ではイジメにもあい、何度か自殺をはかったこともありました。

今では「越智先生も落ち込むことがあるんですか?」と聞かれるくらい明るい私にも、そんな時代があったのです。

このように学校や友だちになじめず、何事にも自信を持てずにいましたが、美術部で油絵に打ち込んだり読書に没頭したりすることで、心境が変化しはじめました。

自分なりの世界を持てるようになったおかげで、少しずつではありますが、ようやく「自分の人生」を受け入れられるようになっていったのです。

ロンドン大学での医療研修――「不思議な談話室」

医者になるため、私は親もとを離れて、東京女子医科大学へ進学しました。難病を抱え、さまざまな悩みや不安と闘ってきた私は、心を癒す医療に携わりたいと思い、子供が好きだったので小児精神科医を目指したのです。

卒業後は東京大学附属病院・精神科で研修し、その後イギリスのロンドン大学へ留学しました。ロンドン大学精神医学研究所は、ヨーロッパの中でも研究環境の充実した研究機関の一つです。この研究所の附属モズレー病院で、さらに二年間の研修を受けました。

病院では、重度の精神疾患を抱える患者さんと数多く接しました。私自身、患者としてつらい経験をしてきたので、**「どうすれば患者さんの心が満たされるのか」**をいつも考え、通常の治療だけでなく、体をマッサージしたり、温かい言葉をかけたりすることにも努めました。

その結果、**周囲が驚くような治療効果**が出はじめたのです。

リストカットを繰り返していた青年の奇跡的回復

ある青年との忘れられない出会いもありました。自ら手首を傷つけるリストカットを二十回も繰り返していたその青年は、カウンセリングや薬などによる治療では効果がなく、いっこうにリストカットをやめようとしません。私が彼と出会ったのは、彼の十三回目の入院のときでした。

自傷行為は「愛情が満たされない寂しさ」から生じることもあります。私が体をマッサージしてあげると、彼の表情が和らいでいきました。背中にいっぱい出ていた吹き出物も体を温める温熱療法ですっかりきれいになり、治療をしているうちに、信頼関係ができていったのです。

そんなある日のこと、私はフラット（アパート）の大家さんから庭で育てていたバラの木をもらったので、病棟にいる青年にその花を毎週プレゼントするようになりました。とてもよい香りのバラで、彼は受け取るたびに、うれしそうに微笑みました。

しばらくすると彼がまたリストカットをしたのですが、私は孤独に生きてきた彼に〝あなたのことが大好きよ〟という気持ちを伝えたくて、そのとき思わず「アイ・ラブ・ユー！」と言ってしまいました。

その愛の言葉が奇跡を起こし、それからは二度とリストカットをしなくなり、無事、退院することができたのです。今では元気にレコード店を営んでいます。

教授や医師仲間は驚き、**「東洋から来た医師が不思議な治療をしている」**と話題になったほどでした。思えばあの頃から私は、常識にとらわれずに、患者さんにとって心地よい治療をずっと探求していたのでしょう。

何より治療効果が高かったのは――

帰国後は、東京・小平市の国立精神神経センター武蔵病院に勤務し、薬を最小限におさえる治療を試みました。私自身、自分の治療薬の副作用に長年苦しんできたので、薬を用いる以外の治療法をいろいろと行なっていました。そして、多くの人に効果があったのは、**手当て療法（ハンドヒーリング）**でした。

患部を優しくなでて愛を伝えるハンドヒーリングをすると、患者さんはリラックスして驚くほど症状がよくなります。

小学校高学年になっても夜尿が続いている男の子の両親に、毎日十分間、彼の腰を温めるようにしてもらったところ、何日か続けたあと夜尿が止まったこともあります。おかげで修学旅行に参加できたと、その男の子はとても喜んでいました。

また、うつ病の患者さんにおかしなことを話して思いきり笑わせると、患者さんの暗かった表情が見違えるほどすっきりした笑顔に変わることもありました。

そんな私の診察室は笑い声が絶えないので、まわりから**「不思議な談話室」**と呼ばれていました。

そして、**何より治療効果が高かったのは、「大丈夫、必ずよくなりますよ！」と励ましの言葉をかけ、相手を温かく抱きしめること**でした。

医者としてはとても勇気のいる言葉ですが、本人にとっては希望の光がさし、生きる気力が湧いてくるのです。

病院には十五年以上も統合失調症で入院していて、社会復帰は難しいと見られている患者さんが多くいました。けれど、私はあきらめずに励まし続け、ついに社会復帰を果たした方が二人いました。とても感動した思い出です。

こういった治療を続け、国立精神神経センターでの勤務は、十一年間に及びました。患者さんの奇跡的な回復に数多く接したことで、自分の目指す医療の方向性は間違っていなかったのだと励みになったのです。

女性としての試練——私が書いた「人生のシナリオ」

精神科医の道を歩みながら、**女性としての試練**も幾度か経験しました。

子供を産めない私は「女性としての幸せ」をあきらめていましたが、二十代半ばに同じ精神科医の男性と出会って結婚しました。

副腎の病気のことは伝えたのですが、夫は現代医学で何とか子供は授かると思い込んでいました。結局うまくいかず、結婚生活は四年間で終止符が打たれました。

それからほどなくして出会ったのは、当時、小学生の娘二人を残して、妻に先立たれた十八歳上の男性でした。すっかりあきらめていた子育てができる喜びは大きく、私はまわりの猛反対を押し切って再婚しました。

子供たちは早くに実の母親をガンで亡くした寂しさから、母親の愛情を渇望していたようです。すぐになついてくれてなかなか私のそばを離れず、日課のマッサージを二人にしていたとき、ブラウスの袖を左右から片方ずつ引っ張るので、ビリッと破れてしまったことさえあったほどでした。

はじめての子育てはうれしく、新鮮な喜びの連続でした。

私は料理が大好きなので、仕事を終えてから毎晩、愛情を込めて料理をつくりました。

家族と過ごす日々は満ち足りていましたが、妻として、母として、早く新しい家族の一員にならなければと、気持ちも張りつめていたのでしょう。病院の仕事との両立は厳しく、三十代の終わり頃、過労で倒れてしまったのです。

その結果、勤めていた病院を辞めざるをえませんでした。

薬の副作用を嫌って〝代替医療〟を受けると——

不整脈があり動悸《どうき》もあったので、母校の大学病院で検査をしてもらったところ、「肝臓と腎臓が弱っていますが、これは『不安神経症』でしょう」と診断されて、抗精神剤を処方されました。しかし、この薬を飲むと副作用があることはわかっていたので薬を飲むのは気がすすまず、友人にすすめられて**アロマセラピーのマッサージ**に毎週通うことにしたのです。

エッセンシャルオイルを使うマッサージを受けると、心地よい香りでリラックスできました。また、「ゼラニウム」の香りには、副腎を活性化する働きがあり、これを使用するうちに思いがけない効果が出はじめました。

主治医には「ステロイドホルモンを飲まないと死ぬ」とまで脅《おど》かされていたのですが、アロマセラピーのマッサージで体調はどんどんよくなっていったのです。

アロマの効果を知って、西洋医学以外の代替医療を積極的に受けてみたいと思うようになっていきました。

もともと好奇心旺盛《おうせい》なので、何でもまず自分で試してみないと気がすみません。アロマセラピーの他、カナダ人から**水晶を使ったクリスタルヒーリング**も受けました。

さらに衝撃的な体験だったのが、ヒプノセラピーと呼ばれる**「過去生療法」**でした。この「過去生療法」との出会いをきっかけに、私の人生に次々と「奇跡」が起こっていくのです。

◆「過去生療法」との衝撃の出会い

「過去生療法」とは催眠療法の一種で、**退行催眠により、生まれる前にさかのぼって記憶を思い出し、過去の人生で体験したトラウマからの解放を目的とするも**のです。現在抱えている病気の治癒にも役立つとされています。

前にお話ししたように、仏教の世界では「輪廻転生」という教えがあります。私もその言葉を知ってはいたものの、「生まれ変わり」など信じていませんでした。

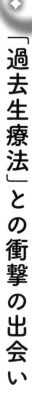

そんな私が「過去生療法」と出会ったのは、一九九三年のこと。アメリカ人の友人から、「かなり有能なハワイのセラピストが東京に来るから、治療を受けてみない?」と誘われ、好奇心から受けてみることにしたのです。

「エジプトでの過去生」で体験したこと

セラピストは、とても誠実でおおらかな感じの女性でした。ベッドに横たわり目を閉じると、彼女の催眠に誘導され、**過去生のいろいろなイメージ**が浮かんできました。そのときにはっきり見えたのは、ゴールドの素敵なドレスを着た女性の姿でした。その女性は古代エジプトの舞台女優だったのです。

その女性は愛する男性の子供を宿したことがうれしくて、彼に報告していたところでした。ところが、その男性に、「子供なんかいらない、堕《お》ろせ」と冷たく突き放されます。

彼を失いたくない女性は、怪しげな老婆からもらった堕胎薬《だたい》を飲みました。すると、全身が茶色に変わり、瀕死《ひんし》の状態でお腹の子を流産し、自分も絶望のうちに亡くなったのです。

過去生療法は二時間ほどの治療でした。その間、私の頭の中に浮かぶイメージが、そばにいるセラピストにも同時に見えているのです。

「ほら、あなたの右に彼がいるでしょう」などと、まるで同時通訳のように細かく解説してくれます。疑い深い私もさすがに、頭の中で実際に起きていることを認めざるをえませんでした。

セラピストの説明によると、そのとき私が見ていたエジプト時代の恋人はなんと、今の人生で最初にめぐり会った夫だったというのでびっくりしました。彼とは、私が子供を産めない体ゆえに離婚することになったからです。

そして、セラピストからは「エジプト時代、恋人に言われるままに堕胎してしまったときの罪悪感がトラウマになり、体の不調にも影響している」と言われ、なるほどと腑《ふ》に落ちる思いがありました。

「大丈夫、あなたは女性としてのエネルギーを取り戻せますよ」

というセラピストの言葉通り、その後、病院勤務をあきらめざるをえないほどひどかった私の体調は、劇的に回復していったのです。

なぜ今回の人生で精神科医を選んだのか

この前世へさかのぼる退行催眠の療法は、アメリカの精神科医ブライアン・L・ワイス博士によって研究され、一九八八年に出版されたワイス博士の著書『Many Lives, Many Masters』という本で世界的に知られました。

後に日本でも『前世療法』（PHP研究所）として翻訳出版されています。この本では、人は生まれる前に「人生のシナリオ」を自分で書いてくるということも述べられています。

私もハワイから来たセラピストに治療を受けたのを機に、「過去生」は本当に

あるのだと考えるようになりました。

それから半年後、カナダでのセミナーで、再び「過去生療法」を受けるチャンスがありました。そのときもやはりエジプト時代へさかのぼり、その当時のさらにくわしい状況がわかってきたのです。

過去生のトラウマを解放することを目的に、エジプト時代に堕ろした子供をこの世で出産するというイメージ療法も受けました。実際にベッドの上でお産を疑似体験してみたのですが、無事に生まれたのは愛らしい男の子でした。その子が健《すこ》やかに成長していく姿もイメージとして浮かび、涙があふれてきました。

信じがたい体験ではありましたが、心も体もすごく癒されたことはたしかです。

私には、この世で子供を産めない悲しみを味わうことで、過去に自分の意に反して子供を堕胎してしまった罪悪感を解消することが必要だったようです。

今回の人生で精神科医を選んだことにも深い意味がありました。

今、私自身が患者さんに対し、エネルギー療法（体の内外に存在するとされるバイオフィールド〈生体電場〉というエネルギー領域に着目した療法）とともに「過去生療法」を行なっています。

従来の退行催眠によるものではなく、自然な会話の中から**患者さんの魂が教えてくれる「過去生のイメージ」を本人に伝える方法**です。それによって数々の奇跡にふれることができました。

振り返ってみると、過労で倒れたことで「過去生療法」と出会い、過去生のトラウマを解放できました。過労で倒れ、医師として働くことができなかった時間は、私の**「人生のシナリオ」において「魂の宿題」を片づける大事な時間**でもあったのです。

◆さらなる夢実現に向けた「人生の転機」

思いがけず「過去生療法」を体験したことで、新たな気づきもありました。

二度目の結婚後、過労から体調を崩した頃は「このまま医者を辞めるのかもしれない、私はこれで死ぬのだろうか」とネガティブな気持ちがあったのですが、西洋医学を超える治療と出会い、**体の健康には目に見えない精神世界が深く関わっている**ことを教えられました。

いつか、自分らしいクリニックを開きたい――。

漠然とそんな夢を抱いていた私に転機が訪れたのは一九九五年、阪神・淡路大震災の直後でした。

一月十七日の午前五時三十分過ぎ、東京の自宅で寝ていた私は、地震の予兆を感じて目覚めましたが、実際に揺れを感じることはありませんでした。ところが、それから十五分後、テレビをつけると神戸で地震があったと報じていたのです。画面に映し出されたのは、市街が壊滅した凄惨《せいさん》な光景でした。ボランティアとして駆けつけたくても、どこの救命救急チームにも所属しておらず、自分もやっと元気になりかけたところだったので、そのときはあきらめました。刻々と伝えられる被害の甚大《じんだい》さに胸がつまるばかりでした。

「ホリスティック医学」に基づいたクリニックを開院

しかし、その映像を見てハッとひらめいたのは、自分のクリニックを開くことでした。その光景に背中を押され、いつ何が起きるかわからないならば、医者としてできる限りのことを今すぐしておきたいと、開院することを決心したのです。
震災から一カ月後、私はマンションの一室に「啓子メンタルクリニック」を開院しました。長年、薬を使わない治癒を目指してきた私は、**「ホリスティック医学」**に基づいた治療をはじめたのです。

「ホリスティック医学」とは、人間をトータルにとらえる医療。つまり人間を肉体だけでなく、**心**、**体**、**エネルギー**、**霊性**の四つの面から統合的にとらえ、**人間関係や生き方の問題**まで含め、すべてをよい状態に整えていく医療です。
心身の調和をはかることで病気を解決することを目的とし、医師はあくまでもサポート役であり、患者さん自身が主体的に治療に取り組むという特徴があります。**病気も「気づきのチャンス」**と前向きにとらえます。

クリニックでは、アロマオイルを使ったマッサージをする部屋もつくり、カウンセリングを中心に、アロマ、クリスタルを使うヒーリング、ハンドヒーリング、ヴォイスヒーリングなどの「エネルギー療法」と「過去生療法」を組み合わせた独自の治療を手がけることにしました。

私にとっては、また医者の仕事に戻れたことが大きな喜びでした。

『不思議クリニック』として漫画化され……

開院して間もない頃、専門医でもない私のクリニックに、尿路結石で痛むからと飛び込んできた男性がいました。私は専門の治療はできませんが、痛みがある患部にハンドヒーリングを試みたところ、痛みは和らいでいるようでした。その後、治療を終えてクリニックを出た男性からすぐ電話がありました。

「トイレに行ったら、カチンと音がして、尿と一緒に石が出てきました！　先生、何をしたのですか？」

そのときすっかり痛みもなくなったようで、うれしそうに話す男性に、私はこう答えたのです。

「石を責めないで愛を注いだのよ。愛で石も溶けて出てくるのよ」

しだいに、薬を使わないのに早く治ると、私のクリニックは口コミで評判になりました。さらに『不思議クリニック』として漫画化されたものがコミック誌で連載されると、予約の電話で回線がパンクするほどになったのです。

　こうして診療が忙しくなってきたうえに、プライベートでもいろいろな出来事が重なり、夫との間に距離ができはじめました。結局、二度目の結婚生活は十四年間で終わりました。実母のように慕《した》ってくれる娘たちとの別れは身を切られるようでした。

沖縄へ移り住むという「人生のシナリオ」

　その後も場所を移して一人でクリニックを続け、ひたすら仕事に追われる中、過労で倒れることも度々でした。そんなときに、沖縄から講演の依頼があり、はじめて訪れたその地にすっかり魅了されてしまったのです。

そして、講演会を主催してくれたアロマセラピストの女性から、「不思議な予言」を受けました。

「海のすぐそばのクリニックの光景が見えるから、沖縄へ移ってきますよ」

半信半疑でしたが、東京へ戻ると、ある患者さんからもこう言われたのです。

「先生が南の島へ行ってしまう夢を見たんです」

もともと自然の豊かなところで暮らしたいと思っていた私は、もう東京での生活に心残りはありませんでした。思いきって沖縄へ移住しよう……こうして四十六歳にして、さらに大きな人生の転機が訪れたのです。

一九九九年、私は一人で沖縄へ移住しました。まわりからすれば無謀な移住計画でしたが、これを応援してくれたのは、なんと七十代になる母でした。その頃は母との葛藤もはるか昔のことに思えるほど、関係がよくなっていたのです。

「海のそばのクリニック」を夢見ていたので、沖縄のクリニックは太平洋をのぞむアパートの一室でオープンすることにしました。

沖縄という土地が持つ強烈なパワーに導かれるように、私はずっと書きたかった本の執筆に取り組み、スキューバダイビングにも挑戦しました。

そして、新たな人生のパートナーともめぐり会い、三度目にしてようやく、ムリのない自分らしい結婚生活を送れるようになったのです。

二〇一〇年には、新居とクリニックをかねた「天の舞」が完成しました。

沖縄本島中部に位置する恩納村《おんなそん》は自然あふれるのどかなところです。

「天の舞」は美しいブルーの東シナ海を見晴らす小高い丘の上にあり、バラやハイビスカスなど、季節の花々が咲く庭に囲まれた木造の心地よい建物です。患者さんがくつろげるように、海が見えるカフェも併設したので、その空間には癒しと笑いがあふれています。

沖縄への移住という「人生のシナリオ」で、さらに大きな夢が実現したのです。

つらいときは「別の生き方」を選べばいい

私たちは、生まれるときに自分で「人生のシナリオ」を書いてくる——。

それは私自身もさまざまな経験をする中で実感してきましたが、現実がつらく苦しいときは、なかなか受け入れられないものです。

そんなときは「もうイヤ！」と叫んだり、誰かになぐさめてもらったり、リラックスできるような環境に身を置いたりして、絶対にムリしないことが大切です。

あまりにつらかったら、それまでの生き方をやめて、別のコースへ行くこと。

「人生のシナリオ」は変更可能なのですから。

人生は海外旅行に似ています。

初心者にはガイドがついて、食事のメニューまで決まっているツアーのほうが安心です。でも、だんだん慣れてくるとそれでは逆につまらないので、出発地点と終着地点だけ決めて、あとはオプショナルで自由に選択できる旅をしたくなります。

オプショナル・ツアーの旅と同じように、「生まれ変わり」をたくさん体験した魂には、人生の最初と最後だけが決まっていて、どんなコースを進むかは選択の自由が与えられています（ほとんどの人が、たくさんの「生まれ変わり」を経験しています）。

ですから、**つらいときには「次のコース」を選べばいい**のです。

家庭や職場のしがらみなどを思えば、「そう簡単にコース変更なんてできないよ」と思うのは当然のことです。

私も昔はとても生真面目《きまじめ》で、どんなにつらいときも、がんばりすぎてしまう性格でした。しかし、過労で倒れたことがきっかけとなり、自分の生き方を大きく変えることができたのです。

私たちの人生には、いくつかの選択肢があり、最初はAコースを生きていても、途中で行き詰まったらBコースに変えてもいいのです。

自分の夢を実現するために、少しずつ進路変更をしてみてください。

この進路変更、つまり**「変化に向けてジャンプすること」こそが、実は「奇跡」**なのです。

人生の舞台は「パラレルワールド」

人生の舞台は「パラレルワールド」、つまり、並行して別の世界も存在するのだと考えると、いろいろな経験ができる可能性が広がり、「奇跡」を確実に引き寄せます。

一人の人間の内側にはいろいろな自分が存在していて、多様な面を持っています。

「私は多重人格ではないでしょうか」

時々、そんな悩みを抱えてクリニックに来る患者さんがいますが、私はこう答えます。

「はい、そうですよ。人間はみんな多面的です。全部受け入れてあげてください。私たちは瞬間、瞬間に違う自分を選んでいるのです」

もっとわかりやすく言えば、「日替わりランチ」のように、私たちも「日替わりの自分」がいるということです。

すごくキビキビ行動できる日があれば、動きたくなくてダラダラと過ごしてしまう日もあります。とても博愛精神にあふれた聖人のような自分もいれば、なんだかイヤミで意地悪な自分に気づくこともあります。

今日はどんな自分として生きようか――日替わりランチのメニューを選ぶように無意識のうちに選んでいるのです。大切なのは楽しむこと、面白がることです。

そして、これまでとは違う自分を選択すると、まわりの配役も変わってきます。

たとえ波瀾万丈な人生でも、「人生のドラマ」は面白く楽しめるようになっています。

もちろん主役は自分ですが、脇役のキャスティングはその時々で変わります。人間関係においては、みながお互いに脇役を和気あいあいと演じ合っているとも言えます。そうした中で、思いもよらないうれしいことが起こったりするのです。

次章ではこうしたキャスティング、**人間関係がもたらす「奇跡」**についてお話ししましょう。

2章

「あの人」が伝えている大切なメッセージ

……個性あふれる「脇役」がいるから人生ドラマは面白い

◆自分が成長すると、出会う人も変わる

人生という舞台では、**私たち一人ひとりが「主役」**です。

でも、舞台にいろいろな人、つまり**個性あふれる脇役**が登場することで、物語は面白く展開していくのです。

そして、私たちは人生という舞台でハプニングが起きるたびに、それを乗り越えることで成長していきます。人間関係によってさまざまな感情を抱き、自分の内面と向き合うことで、私たちは自分の魂を成長させる機会を得られるのです。

これまでお話ししたように、私自身も母親との葛藤や闘病、結婚生活、仕事な

ど、いろいろな場面ごとに多くの人と関わっていく中で自分を見つめ直し、少しずつ魂を成長させて人生を好転させることができました。

本や芸術で内面を深く見つめ、感性を磨く

私たちの長い一生の間には、いろいろな時期があります。一人で過ごす静かな時期もあれば、多くの人と関わる活動的な時期も訪れます。人間の成長には、「内向」的に育《はぐく》まれるものもあれば、「外向」的に促《うなが》されるものもあるのです。

子供を見ていると、一人でお絵かきしたり、本を読んでばかりいることもあれば、友だちとの外遊びが大好きになることもあります。**内向期は、情緒的な感性**が養われる大事なときです。そして、**外向期には社交性**が身につくのです。

大人になっても、内に向く成長期と外に向く成長期があります。外に向かえば、そこで出会う人たちとの交流が広がりますが、内に向かうときは心の深いところ

でつながり合える出会いがあります。

本や映画、芸術など、ふだんの生活では知りえない人生を表現した作品にふれることで、自分の内面を深く見つめて、感性を磨くことができるのです。

感性が豊かで充実した人ほど、会話が面白いものです。**よりよい人間関係を築くには、人と接するだけではなく、自分の内面を磨くことが大切**です。そのためには、自分なりの「得意ジャンル」をつくることをおすすめします。

高尚なことでなくても、かまいません。日々、情報収集のアンテナを張っておき、気になる本やテレビ番組、映画などをチェックしておくのです。

感性を磨くには、「インプット」を増やすことです。特に**美しいものや感動的なものを意識して自分の中に取り入れていく**と、感性が研ぎ澄まされていきます。

ある婚活中の三十代の女性がファッションばかり気にしていたので、小説や映画、観劇などで内面を磨くことをすすめました。

アドバイス通りにしているうちに彼女は話題が増え、「君、意外に面白い人だね」とアプローチする男性が三人も現われたのです。楽しくデートをして、ついにその中の一人と結婚したのでした。

本や映画、芸術にふれることで内面が磨かれて〝内なる光〟があふれ、彼女をより美しく魅力的に変えたのです。

「内面世界」が広がると、魅力も広がっていく

もちろん人間にはいろいろなタイプがあり、社交的な人もいれば、人づき合いが苦手な人もいます。学生時代の私は病気のコンプレックスもあり、明らかに後者でした。

本が好きだったので、高校時代にはレポート用紙に棒グラフを書いて、読んだ本の冊数をジャンル別に分析していました。文学、歴史、科学、政治、経済、美術、音楽など、なるべく万遍《まんべん》なく読むように心がけました。

そのおかげで、文学や音楽を語り合ったり、一緒に美術館に行ったりできる友

だちに恵まれました。

さらに今では、読書によって身につけた知識や感性が精神科医としてカウンセリングをするとき、そして本を書くときにも役立っています。

今でも書店や図書館に行くと、時間も忘れてしまうほど本の世界に没頭してしまいます。一人で静かに過ごす時間を持つことで、物事の本質が見えたり、創造性もより磨かれていくように感じます。

一人でいることを寂しがらず、自分なりに楽しめるようになればいいのです。それが自身を成長させ、人生を豊かにする第一歩と言えるでしょう。

自分が変化すると、出会う人も変わってきます。

自分の内面を磨くことで魅力的な人物となり、それが、よりよい人間関係をつくることにつながっていくのです。

「出会いの奇跡」はこうして起こる

人生の中で、どんな人と出会うのか——。

人との出会いは、私たちの人生に思いがけない変化をもたらします。

だからこそ、小説やドラマ、映画には、「出会い」の奇跡をテーマにした作品がたくさんあるのでしょう。

私の大好きな映画の一つ、『奇跡の人』はヘレン・ケラーの人生を描いています。最初に観たときは、ヘレン・ケラー自身が「奇跡の人」だと思っていました。

けれど、原題の『The Miracle Worker』は「奇跡を起こす人」という意味で、本当は恩師のサリバン先生のことを指すのだと知りました。

パートナーとは「過去生からの縁」がある？

ヘレンは二歳のときの高熱がもとで聴力、視力を失い、話すこともできずに育ちました。娘の将来を案じた両親が家庭教師として招いたのがサリバン先生です。彼女も幼い頃に目の病気を患《わずら》い、九歳で母を亡くして、弟と施設に入りました。そこで結核を患った弟を失《な》くし、自分も目の病気が悪化して失明し、うつ状態の日々を過ごします。そのとき看護師にキリストの教えを説かれて徐々に心を開き、後に手術を受けて、弱視ながらも視力を取り戻したそうです。

そうした体験を経た人だからこそ、三重苦のヘレンに根気よく接し、「指文字」を教えて、ついには話せるようになるまで導きます。深い愛を注ぐことで、五十年にわたり、教師として、友人としてヘレンを支えたのです。

このサリバン先生とヘレンとの出会いは、まさに「奇跡」と言えるでしょう。

出会いの「ベスト・タイミング」と「ベスト・プレイス」

私たちの人生も、実は気づいていないだけで、こうした「出会いの奇跡」に満ちています。人生のハイライトにおいて、恋愛や結婚相手、大親友になる人、あるいはその後の人生を大きく変える人物と出会う一瞬があるのです。

特に「人生のパートナーとなる相手」とは、何度も過去生で出会い、その時々で性別や立場の違いはあっても結婚することが多いようです。過去に深く関わった経験があると、ともに理解し合っているため、ゼロからのスタートではなく、互いに魂を成長させていける関係に進みやすいのです。

また、**出会いには、「ベスト・タイミング」と「ベスト・プレイス」があります。**

インドのある橋の上で、それぞれに現地を旅していた日本人の男女が出会いました。こんなところで日本人に会うなんてと驚き、いろいろ話をしたのですが、その場はアドレス交換をすることもなく別れたそうです。

それから一カ月後に、またばったり会ったのですが、それが何と前回と同じ橋の上！　二人はまもなく結婚しました。

「先生、運命って信じられますか？」

その女性は私にこう言いました。二人とも橋の名前を知らなかったそうですが、過去の人生において「思い入れ」があった場所なのでしょう。

夫と私の「運命の出会い」

私自身も今の夫とは突然、出会いました。沖縄に移り住んで一年後、那覇での私の講演会に、夫は私の友だちに誘われて参加していたのです。

サイン会のあと、その友だちから紹介されたときに、私はビビッときました。いわゆる一目ぼれです。とても優しそうな人だと感じたのです。「昔、どこかで一緒だったのかも」と直感しました。

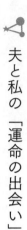

そして後日、私のはじめての著書を二十六冊も抱えて、「経営者仲間に配りたいので、サインをお願いします」と彼がクリニックを訪ねてきたのです。

私は喜んで全部の本にサインしました。

その後、日本蕎麦《そば》の店でのランチに誘われ、そこで、

「講演会の瞑想のときのヴォイスヒーリングにびっくりしました。とても癒されて、自分がギリシャ時代の兵士だったイメージが出てきました。あのヴォイスヒーリングのCDはないのですか？　まだなければ、ぜひつくらせてください」

という、何ともうれしい申し出を受けました。

それから、彼は公私ともに私を支えてくれる大切な存在になったのです。

その後、私たちの過去生をたどると、江戸時代に二人は悲恋を経験していたとわかりました。遊女と若いお坊さんが恋仲になったものの、当時は許される関係ではありません。最後には心中してしまったのです。

悲恋に終わった二人は「生まれ変わり」で結ばれる

過去生で悲恋に終わったカップルは、だいたい生まれ変わりの人生で恋が成就《じょうじゅ》します。

あるいは、結婚しても男性が戦死したりして、わずかしか結婚生活を送れなかった場合は、その続きを今回の人生ですることがあります。

面白いことに、夫とはスペインでの過去生でも悲恋を経験していました。何度かの悲恋を経てようやく今回の人生で結ばれたのですが、まさか結婚式を挙げようとは考えてもいませんでした。

思いがけず実現したのは二〇一一年の六月です。その年、私たちはスペインへのセミナーツアーを予定していました。参加者の若いカップルが向こうで結婚式を挙げる準備をしていたのですが、仕事の都合で行けなくなってしまったのです。「それなら僕たちが式を挙げよう」という夫の提案で、代わりに私たちが結婚式をすることになりました。

過去生でのやり残しがあったので、今回はスペインで式を挙げるという「人生のシナリオ」を書いてきたのでしょう。

これは何も、一部の人だけに起こる特別な奇跡ではありません。

私たちは誰もが、人生に「出会い」の奇跡を用意して生まれてきているのです。

どうすれば「素敵な人」とめぐり会える？

沖縄の離島に住み、一生懸命、仕事をがんばっている三十代の女性がいました。

「あなた、結婚はしないの？」

私がそう聞くと、きっぱり答えます。

「私はもう男性はいいんです。一人で生活していければいいから」

その女性は仕事の悩みを抱えて相談に来たのですが、私には、彼女をお母さんに選んでいる赤ちゃんのイメージが見えました。

赤ちゃんはこの世に生まれたがっているのに、彼女には「過去生でのトラウていたのです。

マ」がありました。それは、出産中に胎児を亡くしたり、子供を病気で失ったりするような経験で、彼女は「出産の恐怖」と「子供を失う悲しみ」の両方を抱え

「何か変わるかもしれないから、安産のヒーリングをしましょう」

私の言葉に「えっ、相手もいないのに?」と笑いながらも、彼女の顔つきがパッと明るくなりました。

その後、彼女はある人と出会って、すぐに結婚し、まもなく子供も誕生しました。まさに赤ちゃんが「愛のキューピッド」になったのです。

「素敵な恋愛のイメージ」をインプットする

なかなか結婚できなくて……と悩む人からの相談が増えていますが、結婚願望はあっても、「潜在意識」ではあまり結婚を望んでいないのかもしれません。

どうしても結婚したいと思っているのに、なかなか踏み切れないという人には、それなりの理由があります。

過去生で好ましくない恋愛をしたり、つらい結婚生活を送っていたりすると、潜在意識がブレーキをかけていることがあるのです。

そのブレーキを外すには、とにかく**「素敵な恋愛のイメージ」を新しくインプットする**ことが大切です。

感動的な恋愛小説を読んだり、恋愛ドラマや映画を観たりするところからはじめてみましょう。特に恋愛小説は、登場人物などのイメージを自分で思い描けるのでおすすめです。

また、夫のＤＶや酒乱に悩まされたような経験が過去生にあると、「男性に触られるのがイヤ」という人もいます。その場合はアロマオイルを使ったマッサージを受けたりして、人に触られる心地よさを体感してみてください。

結婚生活がうまくいっているカップルを訪ねて、幸せそうな雰囲気を味わうのもいいでしょう。

ファッションは白やピンクを

他に、日常生活で心がけたいことに、ファッションのことがあります。

結婚したいと思っているのに、黒ずくめの洋服にノー・メークの人もいます。

私は「それではムリよ」と言って、**白やピンクの洋服を着るようアドバイスしています。**

気になる男性からいつ誘われても困らないように、下着もきれいなものを選び、ヨレヨレなものは着ないようにしましょう。**外見だけでなく「見えない部分」にもこだわることが大切**なのです。

男性の場合は、まず清潔感が大事でしょう。むさ苦しい雰囲気の人や不潔な人は、それだけでマイナスの印象を与えてしまいます。

また、話すときは、ある程度、相手と目を合わせることを心がけてください。ただ、ずっと目を見つめていると相手も恐がるので、**アイコンタクトをとる場合は、両目と両肩の四点を結ぶラインの内側を見るくらいがちょうどいい**でしょう。

目は「心の窓」と言われ、互いに目を合わせて話すことで誠実さが伝わり、相手の緊張した心を開きます。また、肩はお互いを支え合うところなので、たまにはそこにも目を向けてみましょう。

アゴからのどのあたりを見ると、のどを開き合うことになって会話もはずみます。

結婚へ「ステップアップ」するためのポイント

恋愛中はデートのときだけ理想的な自分を演じればいいかもしれませんが、**結婚へと関係をステップアップさせていくためには日常生活が大事**です。特に**料理**

はポイントになってきます。

今は男性でも料理が得意な人が増えて、そういう人は女性に人気です。

もし女性で料理や家事が苦手であれば、もしかしたら過去生で「お姫さま」だったり、裕福で使用人がたくさんいる家の「お嬢さま」だったりしたのかもしれません。

「だから、私は家事ができないんだわ。今はちょっと庶民の暮らしを体験しましょう」

そう思って、気楽にはじめてみてはどうでしょうか。かつてセレブだったときのように、オシャレなエプロンをつけて形から入ってみてもいいでしょう。好きな音楽をかけながら家事をすると、ウキウキ気分になれるので、おすすめです。

こうして少しずつ自分の中に変化を起こしていくと、素敵な人に出会う奇跡が起こりやすくなります。

苦手な相手との関係は「魂の宿題」

職場に苦手な同僚や上司がいて、毎日が憂うつ……。

そんなときは、過去生においてもその人が、自分にとっての「うまくいかない人間関係」の代表選手だったのかもしれません。

苦い経験が潜在意識に残っていて、つい後ずさりしてしまうのです。

今回の人生でまた出会うということは、生まれるときに「魂の宿題」として、人間関係で乗り越えるチャレンジだと決めて選んでいるはずです。でも、決してムリはせず、そのときに、できる範囲でつき合えば十分です。

気まずい雰囲気がなくなる「グレープフルーツの魔法」

たとえば、いつも怒っているような上司がいたら、おすすめしたいのが**「グレープフルーツの魔法」**です。

朝、ちょっと早めに出社して、その上司の机のまわりにグレープフルーツのエッセンシャルオイルを少し振りまいてみてください。柑橘《かんきつ》系の香りはあっという間に気化するので、上司が来るまでには席のまわりが爽《さわ》やかな雰囲気になっています。

グレープフルーツの香りは、怒りやイライラを和らげ、ストレス解消に効果があります。机のまわりが爽やかな香りに包まれていたら、上司も穏やかな気持ちで一日をはじめられます。すると職場全体の雰囲気もしだいに変わり、人間関係がスムーズになることでしょう。

「グレープフルーツの魔法で爽やかにスタート！」
楽しむような気持ちでやっていると、それだけで心が軽くなってくるでしょう。

エッセンシャルオイルがすぐ手に入らなければ、グレープフルーツのゼリーやジュースでも効果はあります。

「いただきものですが、よろしければどうぞ」と言って、上司にすすめるのもいいでしょう。食べ物に愛情をちょっと注ぐことで、相手の気持ちが和らぐというプラス効果もあります。

また、グレープフルーツの黄色は気持ちを明るくしてくれます。色の効用ということでは、**机の上に黄色のものを置いておく**のもおすすめです。

「近づきたくない相手」への抵抗感をなくすイメージ療法

職場の人間関係だけでなく、学校や地域、親族の中でも「あの人は苦手だから、近づきたくない」と思う人はいるでしょう。それでも避けることができない場合、どうつき合ったらいいのか悩みます。

そんなときは家にいて、簡単に一人でできる**「イメージ療法」**があります。

苦手な相手をそのままイメージするのは難しいので、相手が三歳の子供だった頃をイメージして愛を送るのです（111ページ参照）。

それでも抵抗がある場合は、相手のことを胎児だとイメージしてみましょう。おすすめは相手をカシューナッツだとイメージする方法です。ちょうど胎児と同じ形なので、苦手な相手がカシューナッツになったと想像し、手のひらに載せてみるのです。

手のひらに載せるのもイヤだったら、ティッシュの上でもいいし、テーブルの上でもかまいません。イメージができたら、こう話しかけてみてください。

「〇〇さん、私にチャレンジのチャンスを与えてくれてありがとう！」

なぜ感謝するのか、首を傾げる方もいるかと思いますが、今回の人生でこの人とつき合わなくてはならないのは、過去生において苦手だった相手との関係を改善するチャレンジだからです。「私の向上のためにわざわざ登場してくれたのだ」と思い、相手に感謝の気持ちを伝えます。

そして、そのカシューナッツをぽんと口に入れて食べる瞬間をイメージしてみるのです。飲み込めたら、あなたはその人よりも大きな器である証《あかし》です。

もちろん飲み込めなくてもOK。そんなときは、あっさりと「ありがとう、さようなら！」と捨てるところをイメージしましょう。

まさか「大奥でのイジメ」のリベンジが!?

クリニックに来る人やセミナー参加者から、このイメージ療法を行なうと、不思議と相手があまり気にならなくなってきた、という声をたくさん聞きます。

三十代の女性で、職場の上司がお局様《つぼねさま》のように恐くて悩んでいた方がいました。過去生療法を行なうと、江戸時代の大奥の場面のイメージが出てきました。

その上司がお局様かと思ったら、悩んでいる彼女がお局様で、しっかりとしぼられていたのが上司のほうだったのです。

立場が逆転していて、本人はびっくり！

なるほどリベンジなんだと理解ができ、深刻な顔をしていた彼女は笑いだしました。

さっそく「グレープフルーツの魔法」と「イメージ療法」を活用したそうです。

上司を胎児だとイメージしてみて、

「江戸時代では厳しくしてごめんなさいね！　明日からはお手やわらかにね！」と愛を込めて話しかけてみたら、翌日からすぐに効果が出て、上司は別人のように優しくなったとか。

「あんなに悩んでいたのがウソみたい」と、本人にとっては、それこそ奇跡だと思えるようなことが起こったのです。

「奇跡的な和解」のドラマを用意する方法

苦手な人と仲違《なかたが》いしたり、友だちとケンカしてしまったりしても、「なんとか仲直りしたい」という思いがあれば、人生の中で**奇跡的な「和解」というドラマ**が用意されています。

それを味わうためにはまず、相手とにこやかにおしゃべりしたり、一緒に食事や旅行に出かけたりする場面をイメージしてください。

ちょっと不思議に思われるかもしれませんが、イメージしたとたんに相手にもその思いが通じます。「和解したい」という気持ちは愛そのものなので、それが

〝接着剤〟となって互いをくっつける力が強まるからです。

仲直りの場面を具体的にイメージすることは、楽しかった出来事を思い出すきっかけにもなります。そうするとメールをしたくなったり、手紙を書きたくなったりします。そのときに感じた思いを正直に書いてみましょう。短い言葉でもかまいません。

その後、相手から返信が届いたり、メールや電話が来たりしたら、すでに和解がはじまっているのです。

相手から「ひどく嫌われてしまった」ときは

もし相手からひどく嫌われてしまった場合は、悲しいことですが、まだ向こうのマイナスの感情が強いので、そんなときは**一人でできる「イメージ療法」**をしてみてください。

その人が三歳の子供だった頃をイメージし、「ごめんね、本当は大好きだよ」

と言いながら優しく抱きしめます。

さらに効果を高めるためには、相手のファーストネームで「○○ちゃん」と呼びながら言葉かけをすると、心がこもってよいでしょう。

自分の気持ちが落ち着いてきたら、相手の気持ちをゆっくり聞いてみてください。

「あなたは、私にどうしてほしいの？」

「何がイヤだったの？」

自問自答であっても、ふと相手の言葉が聞こえてくるような気がします。相手の立場になることで自分を見つめ直し、これからどう関われればいいかが見えてくるでしょう。

「親子の和解」は最高難度？

人間関係の中でも特に難しいのは、親子の和解でしょう。

親子は縁が濃いので、今、仲違いしているということは、過去生でもつれた感情のしこりが残っているのです。

だから、今の人生で仲違いしているのは、どちらが悪いわけでもありません。感情のしこりは、いつかほぐれていきますから、人生のチャレンジの一つと楽しんで、あの手、この手でほぐしていきましょう。

「母親の束縛《そくばく》がつらい」と悩む女性から相談を受けるケースは多くあります。その場合はほとんどが、過去生では逆の立場だったようです。

「私はもう嫁《とつ》いだのに、母はいまだに私をコントロールしようとするんです」

ある女性は、そんな母親がイヤでなりませんでした。でも、過去生療法をしてみると、過去生においては、二人の関係が逆転していることがわかりました。

「お母さんがあなたの娘で、あなたは今のお母さんの何倍も、娘さんであるお母さんをコントロールしていましたよ」

「ええっ、逆だったんですね！」

彼女はびっくりして、大笑いしていました。今の母親はそのときの感情のしこりが残っていて、この世でリベンジするように娘をコントロールしていたのです。やっと腑に落ちた彼女は、あれほどイヤがっていた母親を許すことにしました。

すると、母親もぱたっと何も言わなくなったそうです。

「先生、なんだか寂しいくらい、電話もメールも来なくなったんですよ。母は自分も楽しみたいからと、ハワイへ行ったりするようになりました」

母親を許せたときに彼女自身が変わり、その影響で母親も変わって、彼女は自由になれたわけです。

「夫婦のすれ違い」を解消するユニークな方法

同じく「縁が深い」といえば、夫婦の間もそうです。なので二人が不仲の場合は、深刻なことにもなります。浮気やお金の使いすぎ、ギャンブル、ＤＶ、セックスレスなど、さまざまな原因から離婚にいたるケースがあるでしょうし、その場合の感情的しこりも大きいでしょう。

最近は離婚に踏み切れず、家庭内別居する夫婦が増えています。

長年連れ添っていても、「夫を理解できない」という女性からの相談をよく受けます。そこで私がおすすめするユニークな方法があります。何かあったら、次の言葉を唱えるのです。

「うちの夫は、宇宙一!」

もともとは私の友だちの口グセですが、彼女はそう言い続けるうちに、夫が本当に「宇宙で一番の夫」と思えてきたそうです。

夫婦のすれ違いは、「夫はこうあるべき」「妻はこうでなければ」という互いの勝手な思いから生じます。そして、「理想」と「現実」とのギャップが大きくなりすぎると、関係は破綻《はたん》していきます。

けれど、最初から「宇宙一」だと思うと、他に比べるものがなく、自分が理解できないのも当たり前。そう思えば、ちょっと笑えるでしょう。

「宇宙一すばらしい」とか「宇宙一優しい」などというほめ言葉は入れなくていいのです。「宇宙一」のあとに続くのは「おかしい」なのかもしれません。とにかく自分には計り知れない存在でも、一瞬でも「ふっ」と笑えると、心のわだかまりが解けやすくなります。

これは夫に限りません。妻でもいいし、職場の苦手な上司や同僚にも使えます。

ケンカしても「あの人は宇宙一だから」と思えばあきらめがついたり、怒りもおさまったりするようになります。

誰にも起こる「ソウルメイト」との再会

「ソウルメイト」という言葉を聞いたことがあるでしょうか。

ソウルメイトとは、「魂の友」――魂のレベルで深くつながり合える相手のことです。

繰り返される輪廻転生の中で、恋人や夫婦、家族、親友など、いつも人生のどこかで出会っている、とても縁の深い魂を持つ人たちです。

彼らとは、過去の人生で何度も同じ舞台にいました。

前の章で紹介したアメリカの精神科医ワイス博士は、『魂の伴侶』（ＰＨＰ研究所）という著書の中で、過去生で恋人同士であった男女のケースを取り上げています。博士は当人たちにもともと縁がある二人だったことを伝えずにいましたが、二人は誰の手助けがなくても強い絆《きずな》で結ばれていったといいます。

目が合った瞬間にビビッと感じる相手

過去生で深い縁があると、生まれ変わった人生で再び出会います。再会のタイミングのとき、互いに目が合った瞬間にビビッと何かを感じます。目の奥には**「アカシックレコード」**と呼ばれる、人間の魂の過去から未来にいたるすべての転生の記憶、魂の情報があると言われています。その記憶が反応し、**お互いに大事な役柄を演じるためのスイッチが入る**のです。

たとえば、私の知り合いのある人は第一志望の進学校へ行けず、仕方なく入った学校ですばらしい古文の先生に出会いました。その先生が顧問を務める剣道部に入部したところ、そこで剣道に目覚めて大活躍し、自分らしさが花開いたのです。

過去生療法をしてみると、実はその先生が戦国時代に仕えた相手だったとわかりました。

そんな「運命的な出会い」もあるのです。

ソウルメイトが大切な恩師として現われると、人生の指針になるようなヒントを与えられます。

それによって自分がやりたいことに気づいたり、思いがけないジャンルで道が開けたりするのです。

ですから、希望の学校へ行けなかったとしても、しだいに「この学校でよかったんだ」という気持ちになっていきます。つまり、自分の人生の流れを肯定できるようになるのです。

ソウルメイトとの出会いは、「私の人生はこれでよかったんだ」と、起きたこ

とをすべて受け入れられるような幸福感をもたらしてくれます。

「あの事故に遭わなかったら、この人に出会えなかった」
「この病院へ入院しなかったら、こんなに素敵な人には出会えなかった」

そんなふうに出会った相手と恋愛や結婚ができたら、人生に大きな変化がもたらされるでしょう。ソウルメイトとの再会は誰にでも必ず用意されています。そしてソウルメイトとつながることは、とても楽しいことなのです。

最愛のペットの「生まれ変わり」に再会

そして面白いことに、人間どうしだけでなく、**家族のように暮らすペットもソウルメイト**の場合があります。

動物は寿命が短いため人間よりも早く昇天しますが、いつまでも悲しまなくていいのです。ペットの場合は今の人生のうちに、また再会できるケースが多いからです。


我が家には「シロ」という、とても献身的な犬がいました。兄弟の犬が病気で亡くなると、あとを追うように亡くなってしまい、私たちは悲しみにくれました。

ただ、私はシロに再会できると信じていたので、

「また生まれ変わってくるかもよ」

と話していました。


するとある日、本当に目の前に現われたのです。

父が亡くなって私たちが飼うことになった雄犬の「ハッピー」をペットホテルに預けたとき、運命の出会いがありました。

行きつけのペットショップに入ったところ、ケージの中にいるやせた子豚みたいな雌犬が目にとまりました。

「この子、変わっているわ！『スター・ウォーズ』に出てくる宇宙人みたい。

〝宇宙犬〟ね」

売れ残っていたのですが、見れば見るほどにシロではないかと思い、だんだん愛着が湧いてきました。

「ハッピーがもし気に入ったら、妹として飼うのはどうかな？」

ハッピーは、その雌犬に会うなり一目ぼれ。お互いに吠《ほ》え合い喜んでいました。

「一目ぼれしたから、この子にしよう」

さっそく飼いはじめると、その犬はハッピーの奥さんになりました。しばらくすると、その子がシロの生まれ変わりだと、夫も実感するようになったのです。

ソウルメイトとの再会は、私たちの今の人生をより豊かにしてくれます。お互いに生きるヒントを与え合ったり、情報交換したり、人生の転機が訪れるスイッチを入れてくれたりと、「奇跡」が起きるチャンスを広げてくれるのです。

3章

「心はワクワク、体はゆるゆる」で魂は光り輝きます

……幸運に恵まれるのは「リラックスがうまい人」

もっとリラックスして人生を「お任せ」してみる

奇跡を起こして自分の夢を実現するために、大事なポイントになるのが**「思い込み」**です。

この思い込みにはプラスのものとマイナスのもの、二種類あります。「プラスの思い込み」は前進するためのパワーになりますが、逆にブレーキをかけてしまうのが「マイナスの思い込み」です。

マイナスの思い込みは、過去生でつらい体験をしたときの感情や後悔の念が強く残っていることが大きく影響します。1章でお話ししたように、つらい感情や後悔の念が「潜在意識」となってしまうからです。

また、今の人生で幼少期に両親や教師から植えつけられたマイナスの思い込みもあります。

私の母は、「この子は子供を産めないから、結婚できない」と思い込んでいました。そのため、なんとか手に職をつけさせようと、私に医者か弁護士になるように強くすすめたのです。

そんな母の強烈な思い込みは、私を医者になる人生へと導いてくれました。マイナスの思い込みも、プラスの方向に活用すれば、人生をいかようにもプラスに展開していくことは可能です。

面白いことに、私たちの魂は、本人が意識していなくても「マイナスの思い込みが今の自分にフィットしていない」と感じると、「プラスの思い込みを持っている人」を引き寄せて交流し、過去のデータを塗り替えようとします。

自分では「絶対できない」と思い込んでいたことも、その人に「大丈夫、平気！」と励まされると一歩踏み出す勇気が出て、挑戦してみたくなります。

たとえば、「恋愛が苦手」と思い込んでいる人が、逆に恋愛が大好きで、ものすごく恋愛歴がある人と出会って友人になる場合があります。そういう人は失恋を繰り返しても、「大丈夫よ、また必ずいい人とめぐり会えるから！」とプラスの思い込みがあるので、前向きです。

その人と話しているうちに、だんだん「自分もそう思えばいいんだ」と思えるようになり、恋愛に対する苦手意識もなくなっていき、「素敵な人とめぐり会うチャンス」を引き寄せることになるのです。

「ふだんはゆるゆる、いざというときにビシッと決める」

マイナスの思い込みの〝枠《わく》〟を取り払うと、人生が〝ワクワク〟した楽しいものに変わっていきます。そのためにも大切なのは「リラックス」することです。

私たちの体は、思い込みが強すぎると緊張して何事にも身構えてしまい、エネルギーの流れを止めてしまうからです。

医学的にも、体がリラックスしていると、筋肉も弛緩《しかん》して血液の流れがよくなります。すると直感もさえて、奇跡が起きやすくなるのです。

いつも緊張していると、エネルギーをムダ使いしていることになるので、肝心なときに力を出せません。

力を十分に発揮するためには、**体をゆるゆるほぐしておく**ことが大事。そうして**エネルギーを溜めて、いざというときにビシッと決めればいい**のです。

最近、セミナーや講演会で新しいワークをしています。

「ふだんはゆるゆるして〜、いざというときにビシッと決める」

と言いながら、まずは体をゆるめます。

その後、「いざというときビシッ」と言って、**好きな決めポーズをとる**という面白い方法です。

エネルギーが高まるのを感じることができます。

日本各地で「ゆるキャラ」が流行《はや》っているのには意味があります。かわいくて癒される雰囲気が、あわただしく過ごしている現代人の心を和ませるのでしょう。

リラックスするとエネルギーの流れがよくなり、過去のデータとも言える「潜在意識」にとらわれずに生きられるようになります。

過去にしばられず、「今」に集中して生きられるので、奇跡が起きやすくなるわけです。

私はそれを**「ゆるゆるお任せの人生」**と呼んでいます。

「天に任せる」という意味で、大いなる流れに身を任せると、壮大な宇宙からのエネルギーが自分の中にどんどん入ってきます。

宇宙のエネルギーは無限にあるため、ものすごいパワーが注がれます。

「ゆるゆるお任せ」の人生を楽しんで、奇跡を起こしていきましょう。

「宇宙からのエネルギー」をさらさら流す方法

リラックスしていると、宇宙からのエネルギーが身体中をさらさらと気持ちよく流れていき、体も心もイキイキ輝いてきます。

私もいくつか健康法を取り入れて楽しんでいますが、**一番のおすすめは「ゆるゆる体操」**です。

いつでもどこでも簡単にできます。まず、肩を上げて最大限に緊張させ、ストンと落とします。そのまま体を揺らし、また肩を上げて……という動作を繰り返すのです。

肩をストンと落とすと体はゆるゆるになり、さらに自由に動かすと、しこりのあるところがほぐれます。

すると、全身にエネルギーが流れて、冷たく感じるところはポカポカしてくるし、熱かったところはクールダウンしていくのです。

ちょっとした「スキマ時間」にリラックス

また、毎日続けているのが**「片足立ち」**です。

歯を磨くときに十秒くらいずつ片足立ちを交互にすると、骨盤のゆがみがとれて腰痛も和らぎます。デスクワークなど同じ姿勢が続いて腰が痛くなったときもラクになるので、仕事の合間のちょっとしたスキマ時間にもおすすめです。

さらに、お休みの日には少し時間をかけて**「ストレッチ」**をします。

緊張した筋肉をほぐすだけでなく、ふだん使わない筋肉を伸ばすことも心がけます。
猫のように思いきり全身を伸ばすと、エネルギーの流れがよくなります。難しく考えずに、首でも肩でも、自分が気持ちいいと思うところを伸ばしてみてください。

ストレッチを行なうときは、リラックスして、**「深い呼吸」をすることがポイント**です。

緊張しているときや悩んでいるときは、呼吸が浅くなってしまいます。また、普通の呼吸では、肺の下のほうの空気は入れ替わりません。深くゆっくりした呼吸をすることではじめて、必要な酸素を十分に吸い込めるのです。

深くゆっくりした呼吸法とは、次のようなものです。

まず十~十五秒でゆっくり口から吐き出し、お腹をへこませます。これ以上は吐けないところでちょっと止めて、鼻から二~五秒でゆっくり吸います。吸ったあとにしばらく息を止めると、体中に酸素が行き渡ります。

朝の座禅と夜の瞑想

他にも、私がなるべく毎日するようにしているのが**「座禅」と「瞑想」**です。

朝は十分から二十分ほど「座禅」をします。

座布団やクッションの上で足を組んでもいいですし、イスに座ってもいいでしょう。ラクな姿勢で大丈夫です。背筋を伸ばし、目を開けたまま、深くゆっくり呼吸し、意識を集中させます。

すると、交感神経と副交感神経のバランスがよくなり、体内に溜まった毒素や老廃物を排出するデトックスが進みます。

体中に酸素が行き渡るので、体温が上がり、免疫力もアップします。ゆっくり呼吸することでマイナスの感情を解放しやすくなるので、心のデトックスにもなります。

夜、寝る前には目を閉じて「瞑想」をします。

イスに座るなど、ラクな姿勢をとってください。仰向《あおむ》けになってもいいでしょう。目を閉じて背筋を伸ばし、ゆっくりと呼吸します。瞑想では副交感神経が優位になっていくので、とてもリラックスできます。目を閉じていると代謝が落ちるので、少し体温が下がり、そのまま眠りにつけます。

瞑想するときは心地よい音楽をかけたり、アロマポットで好きな香りを部屋に満たしたりするのもいいでしょう。目を閉じたら、宇宙や星空、美しい海や山など好きな風景を思い浮かべましょう。

ゆっくり深い呼吸をしながらその風景の中に入っていくところをイメージすると、不思議と花の香りがしてきたり、鳥のさえずりが聞こえてきたりします。

いくつかリラックス法を挙げましたが、ムリをせず、自分が気に入った方法を楽しく続けていくことが大切です。

「リラックス、リラックス」で、ゆるゆるいきましょう。

「つい、がんばりすぎてしまう自分」をいたわるコツ

職場や学校で、また家庭でも緊張を強《し》いられる生活をしていると、ついがんばりすぎて体を壊してしまいます。私自身もかつてはよく過労で倒れた経験があり、体をいたわってリラックスすることの大切さを痛感しました。

日頃から**体の声を聞く**ために、誰でも簡単にできる方法があります。

まず紙と鉛筆（ペンでもＯＫ）を用意します。両手に鉛筆を持ち、右手で質問を、左手で答えを書くようにします。左利きの人は逆にします。

最初に左手に話しかけてください。

「あなたは私の体よ。今から聞くから、体の気持ちを教えてね」

続いて質問を右手で書きます。

「私の腸さん、この頃、便秘気味だけど、調子はどう?」

すると、「水分が足りないよ」「食べすぎだよね」「残業が多いんじゃない?」

「もっとリラックスしたい」……など、体の中から答えが次々に聞こえてきます。

そうしたら、その答えを左手で書いていきます。

不思議な感覚になると思いますが、こうすることで自分の体との対話がはじまるのです。これは面白いので、ぜひ試してみてください。


お風呂に入っているとき、直接、体と対話する方法もあります。体を洗いながら、声に出して聞いてみるのです。

「いつもありがとうございます。最近、いかがでしょうか?」

すると、「ぼちぼちね」などと自然に言葉が出てきます。

お腹や胸などに手を当て、笑いながらさすってあげると、体の細胞も喜びます。愛を込めて感謝の言葉をかけましょう。

感情の象徴「インナーチャイルド」の癒し方

さらに緊張をほぐすには、**心の声を聞く**ことも大切です。

「インナーチャイルド」という言葉を耳にしたことがありますか？

インナーチャイルドとは「内なる子供」を意味し、あなたの**内面にある本当の自分**であり、**本心や本音を表わす「感情の象徴」**です。

いつも自分の感情を抑え込んでいると、心は張りつめています。抑え込んでいる感情は「怒り」や「悲しみ」となって内面に溜まり、やがて体に異変となって現われてきます。だから、自分の感情をムリに抑えず、受けとめてあげることが必要なのです。

そこで思いついたのが**「インナーチャイルドの癒し」というイメージ療法**。それは自分を三歳くらいの子供だとイメージして、ありのままの感情を感じてみることです。すぐにできる人もいれば、なかなか自分を子供にイメージできない人もいると思いますが、ゆっくり時間をかけて、自分に優しく語りかけてください。

「どうしたら出てきてくれるの？　今まで無視してごめんね。今日から、あなたのことをちゃんと認めて大事にするから」

といった具合に。

その際にぬいぐるみを使うと、イメージしやすくなります。ぬいぐるみを抱きしめながら、三歳の子供に戻った自分をイメージして、「○○ちゃん」と呼びかけ、愛を込めて言葉をかけます。

「生まれてきてくれて、ありがとう！」

実際にやってみると、なぜかハラハラと涙が出てくることがあります。怒りや悲しみなど内面に溜まっていた感情が、外へあふれ出てくるのです。

心ゆくまで泣いたら、今度は自分のインナーチャイルドと対話しましょう。

「本当はどんな気持ちなの？」

「あなたは何をしたいの？」

そうした質問の答えも、実はちゃんと自分の中にあるのです。

それまで抑え込んできた感情が表に出てきたら、本当にやりたかったことや忘れかけていた夢も思い出されるでしょう。

いつも自分のことを後回しにして、家族や友だちの世話ばかりしていると、ふとしたときに落ち込んでしまいます。そんなときも自分を優しく抱きしめて、インナーチャイルドに声をかけてください。

「大好きよ、よくがんばったね！」

人のために尽くすのはすばらしいことだけれど、自分の感情を満たすことができていないと、突然むなしくなったり、寂しくなったりします。まずは自分を大切にいたわってあげましょう。

すみやかな効果！アロマ（香り）の癒し

アロマ（香り）のエッセンス（エッセンシャルオイル）は、私たちの感情を落ち着かせたり、記憶力や集中力、活力を高めるなど、心と体にさまざまな働きかけをしてくれます。

すばらしいのは**即効性がある**ことです。香りの刺激は瞬時に脳に到達するため、すみやかにリラックスできるのです。

ここではどこでも手に入れやすい香りを選び、それぞれの香りがもつ効能をご紹介しましょう。

さまざまなアロマの中でもよく知られているのは、「ラベンダー」でしょう。

リラックス効果が高く、疲労回復だけでなく自然治癒力もアップするので、大活躍のアロマです。

気分の浮き沈みを鎮《しず》め、情緒を安定させる働きがあるので、落ち込んだときには効果的です。

逆に、興奮して高血圧気味になったときは、血圧を下げてくれます。

不眠症にも効くので、眠れないときにはラベンダーの香りを嗅《か》ぐとぐっすり眠れます。

頭痛やのどの痛みなどがつらいときにもおすすめです。ティッシュに一滴たらして香りを嗅ぐと痛みが和らぎます。

最近はスピリチュアル系の悩みの解消にも大活躍しています。霊が見えたり、気配を感じたりする、いわゆる霊媒《れいばい》体質から〝卒業〟するためにもおすすめの香りです。

柑橘系の香りで人気なのが**「オレンジ」**です。

リフレッシュ効果が抜群で、気分を明るくしてくれます。また、「インナーチャイルドの癒し」（136ページ参照）にも効果を発揮します。

エッセンシャルオイルがすぐ手に入らなければ、ミカンを食べてもいいです。

また、元気を出したいときにはオレンジジュースを飲みましょう。

会話の少ない家族の場合、ダイニングにオレンジの香りを使ってみてください。びっくりするほど会話がはずむようになります。

まさに「オレンジ・マジック」です。お店で使うと、リピーターのお客さまが増えるようになります。

私が初診で必ず使う柑橘系のアロマには、イタリアが主産地の**「ベルガモット」**があります。

特に、のどとハートの癒しに効果があります。深い悲しみのために閉じた心を癒します。また、のどが開かれると人とのつき合いがスムーズになります。

日本人は真面目で我慢しがちなのですが、そのストレスをちょっとゆるめる手助けをしてくれます。

陽気なイタリア人気質を取り入れる感じです。

自分の殻に閉じこもりがちな人、心配で眠れない人、引きこもりの人には社会と関わっていく勇気を与えてくれます。対人恐怖症の人、狭いところや乗り物でパニック発作を起こす人には、不安や恐怖を取り除いてくれる効果があります。

ベルガモットは紅茶のアールグレイに入っている香りなので、アールグレイティーを飲むと不安や胸のざわつきがおさまります。

人間関係の悩み解消に効果があるのは**「グレープフルーツ」**です。

前章では苦手な上司とつき合うときにグレープフルーツを使う方法をご紹介しました。職場でのストレス、家族の中でのストレスなど、価値観が違うことが原因で起こる悩みの解消には最適です。

職場にはいろいろな個性の人がいますし、それぞれの能力も異なりますから、ぶつかるのは当然です。ですが、個性や能力の異なる人が一丸となってプロジェクトに当たれば最強になります。

いくつもの個性が集まって一人ではできないことをやり遂げようとすると、奇跡が起きます。

意見が合わず、職場の空気が殺伐《さつばつ》としているときは、「統合」を促す作用があるグレープフルーツの力を借りましょう。

グレープフルーツには怒りやイライラを緩和する作用もあります。人間関係で溜まった怒りは、グレープフルーツの香りを嗅いで大きく息を吐き出すとすっきり解消されます。

今の時代に大活躍する香りです。

怒りの解放には**「ヤロウ」**という花の香りも効果抜群です。

頭の天辺《てっぺん》にまで怒りが込みあげてきたら、「この野郎（?・）」とヤロウの香りで怒りを発散しましょう。

また、骨髄に直接働きかけるので、白血病の方にぜひおすすめしたいアロマです。

記憶力や集中力を高めたいときは「ローズマリー」がいいでしょう。神経疲労を癒したり、ショックを受けた心をリフレッシュしたりする効果があります。それだけでなく、肉体的な痛みの解放にもバッチリ効きます。「自分が嫌い」という人は肉体と意識がずれてしまうので、自分らしさを出せません。そのずれを、ローズマリーは直してくれるのです。意識を肉体にはめる香りと言われています。

爽やかなスパイス系の香りの「ペパーミント」や「ティートリー」にも同じ効果があり、肉体からずれた意識をカチッとはめるお手伝いをしてくれます。肉体に意識がはまると、自分を大好きになります。

女性に幸福感と安らぎを与えてくれるのが**「ローズ」**です。

摘《つ》みたてのバラの花びらから抽出《ちゅうしゅつ》したものがローズオイルで、私は「アロマの女王《クイーン》」と呼んでいます。

調和、母性、平和、芸術性などの女性エネルギーを高めてくれる香りです。ローズの香りは素敵なパートナーを引き寄せてもくれます。

バラの花を飾るのも効果があります。

また、バラの模様の小物やファッションもおすすめです。


気分やそのときの状況に応じて好きな香りを選び、市販のアロマポットで部屋に香りを満たしたり、湯船に数滴入れて入浴したり、ぜひ楽しんでください。

アロマを生活にもっと取り入れて、心と体をすっきりさせていきましょう。

「色」のエネルギーを活用して自分らしく輝く！

私たちはふだん、さまざまな色に囲まれていますが、**色にもそれぞれ固有のエネルギーがあり、人の体と心を調整し、活性化させる効果**があります。

「赤」といえば、赤いチューリップや真紅《しんく》のバラ、ハイビスカス、燃えあがる炎をイメージします。赤のエネルギーには、活気、情熱、強い意志、統率力、大胆……などの特性があります。元気になりたいとき、勇気を持って行動を起こしたいときは赤を身につけるといいでしょう。

赤い洋服を着たり、スカーフやネクタイを赤にしてみましょう。真っ赤はちょっと恥ずかしいというときは、ワイン色やえんじでも同じ効果があります。

赤は、特に夢実現の色、引き寄せのパワーにあふれた色です。赤を使って奇跡を引き寄せていきましょう。

「オレンジ」色には自由なイメージがあります。創造性や表現力、探求心、独創性などを引き出す、クリエイティブなエネルギーを秘めた色です。

冒険したいとき、夢を追い求めたいとき、自分を変えたいと思うときには、ぜひオレンジを。部屋の中にフルーツのオレンジを置くのもいいでしょう。

ひまわりや菜の花、レモンの色、太陽のイメージがあるのが**「黄」**です。

黄色は、無邪気、陽気、楽観的、笑い、あるがまま、純真……などで、明るく陽気な子供らしさを表現するのが特徴的です。前にお話しした「インナーチャイルドの癒し」にはまさにぴったりの色で、自分が本当に求めているものを満たしてくれます。

人が集まる居間やキッチンなどのインテリアに取り入れると、気持ちが和らぎ、協調性が出てきます。人間関係をスムーズにしたいときにおすすめの色です。

「緑」といえば、草木や森林など自然の風景をイメージします。

心身のバランスを整えてくれるので、穏やかな気持ちになれます。

海や空、母なる地球をイメージさせる「青」は、女性的なエネルギーの象徴でもあります。

平和、優しさ、穏やかさ、愛、受容といったエネルギーに満ちているので、寝室やオフィス、子供部屋などに取り入れると、気分が落ち着き、リラックスできます。

青色にはのどを活性化する効果もあり、うまく使うと自分の気持ちを表現するのが上手になります。はじめて会う人とのコミュニケーションを円滑にしたいときは、青系の服を着るといいでしょう。

インディゴとも言われる**「藍」**は、月夜の海や夜空を思わせる神秘的な色。真実の色とも言われ、藍色を身につけると直感がさえますし、脳にある松果体《しょうかたい》が活性化されてアイデアやインスピレーションが湧きやすくなります。

私も大好きな**「ピンク」**は愛に満ちた色です。

特にバラを思わせるローズピンクは、女性的なエネルギーを引き出してくれます。素敵な恋愛をしたいときは、ピンク色の服やアクセサリー、小物を身につけることをおすすめしています。もちろん婚活に効果的なのはピンク、それから白です。

ラベンダーやすみれ、アメジストをイメージさせる**「紫」**は、感性やひらめきのエネルギーを与えてくれます。

直感が鋭くなるので、精神を集中したいときに効果的です。

「白」のキーワードは、調和、統合、ハーモニーです。

「白」という色は、「赤」の情熱、「オレンジ」の創造、「黄」の陽気、「緑」の癒し、「青」の優しさ、「藍」の真実、「紫」の直感などのすべてのエネルギーを含んでいます。ですから、白を身につけると、自分の中の調和がとれるのです。

白紙に戻す、という言葉がありますが、何かをリセットして、本来の自分自身に戻りたいときは、真っ白な服を着るといいでしょう。白は花嫁の色でもあります。すぐにでも結婚したい人には、白を身につけることをおすすめします。

こうした色のエネルギーの力を知っていると、ふだん身につけるものだけでなく、身のまわりの小物にも活用できます。

ファッションやインテリアなどで日常生活に取り入れて、自分らしくキラキラと輝く彩りのある人生にしていきましょう。

「笑い」は心と体を元気にする最高の薬

笑うことで、私たちの心には余裕が生まれ、とてもリラックスできます。リラックスするほど、エネルギーの流れがよくなって、どんなにつらいことも乗り越えられるものです。

「ウチナー・ポップ」（沖縄の現代音楽）を代表する音楽家、喜納昌吉《きなしょうきち》さんは『花～すべての人の心に花を～』という歌を唄っています。

その歌詞に〝泣きなさい〟と〝笑いなさい〟という言葉がありますが、泣くことも、笑うことも心を癒してくれます。

どんなにつらく悲しいときも、緊張しているとなかなか泣けないものです。

でも、愛を込めてヴォイスヒーリングをすると、「悲しくないのになぜ?」と思うくらい号泣する人がいます。それは潜在意識に溜め込まれた悲しみが和らいで、外へあふれ出てくるからです。

同じように、たえず緊張して暮らしていると、笑うことも忘れてしまいます。


私は研修医時代から、患者さんを笑わせることが「生きがい」でした。

もともと医学生の頃から落語が好きで、よく寄席《よせ》へ行っていました。外来にはうつ病の患者さんが多く、落ち込んでいる人を笑わせると、テレビ番組「笑点」の噺家《はなしか》さんではありませんが、「座布団《ざぶとん》、何枚?」と聞いてしまいます。「三枚!」などと言われると、ついうれしくて、「ありがとう!」と答えるようなユニークな研修医だったのです。

笑うことで、患者さんも少しずつ表情が和らいでいくのがわかります。それが私の**「笑い療法」**の原点でした。

「ピエロ」になれば、どんな人とも心が通じ合う

さらに「笑い療法」のすばらしさを認識したのは、アメリカで「クラウンドクター」として知られるハンター・アダムス氏との出会いでした。アダムス氏はクラウン（ピエロ）の格好で人々を楽しませる活動をはじめ、愛とユーモアを根底にした医療を目指しています。

彼をモデルにした映画『パッチ・アダムス』を見て感動した私は、彼のいるワシントンまで会いに行ったのです。わざわざ沖縄から訪ねてきたと言うと、「きみは面白いね」と気に入られ、「来年、中国へ慰問《いもん》旅行するから、一緒に来ないか」と誘われました。

二〇〇〇年九月、四十三人のグループで二週間かけて中国各地をまわり、私は行く先々で赤い鼻のピエロになりました。私は裁縫が得意な母につくってもらっ

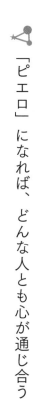

た、一つはイルカ、一つは虹の七色をイメージした二着のピエロの衣装を交互に着て、まわりの人々を笑わせようとしたのですが、笑ってもらうのにはこんなにもエネルギーを必要とするとは思ってもみませんでした。

言葉は通じなくても、ピエロになることで心が通じ合い、たちまち友だちの輪ができていきます。そんな奇跡的な体験を通して、私はいっそう笑いに目覚めたのです。

「今まで真面目に生きてきたのがバカみたい」

それ以来、講演会やセミナーでは途中でスーツからピエロの衣装に早変わりし、みなさんに笑ってもらうようになりました。あるＰＴＡ主催の講演会で、私の変身姿を見て、涙が止まらなかったと話してくれた女性もいました。

「今まで真面目に生きてきたのが、バカみたいと思えたんです。そうしたら、全身の力が抜けてしまって……」

それまでは我が子を厳しく叱ることが多かったそうです。けれど、その後は肩の力も抜けて、ガミガミ言うことをやめたら、子供も落ち着いて、自分もラクになったそうです。

笑えるということは、今この瞬間に「生きる喜び」を味わっているということです。悩みや苦しみを抱えていたら、心から笑えないものです。

笑えない自分を少しでもラクにしたいと思ったら、**まずは人を笑わせてみること**。職場や家族の人たちを笑わせようと努めることで、自分の人生の流れもガラッと変わります。

それは私自身が体験してきたことでもあります。私も学生時代は生真面目で暗い人と思われていました。医者として患者さんと接する中で「笑い」の大切さに気づきましたが、最初は笑わせることができず失敗ばかりでした。

実際、人を笑わせることはとても難しいのです。自分の悩みを棚上げしなければ、他人を笑わせることはできません。悲しみに浸《ひた》っていたら、人を笑わせることなどできないのです。

だとしたら思いきって発想を変えて、ドジで失敗する自分を受け入れましょう。ドジな自分、うまくいかない自分を笑いのネタに変えてしまうのです。失敗談や失恋話を「こんなバカなことしたのよ」と話すことで、こだわりや恥ずかしさが消えて、人を傷つけることなく笑いを提供することができます。

また、日本語はダジャレをつくりやすい言語なので、思いつくまま口にしてみてください。最初は下手《へた》でも、あれこれ口にしているうちに「笑いのツボ」がつかめるようになります。まわりの人が笑ってくれると自分も楽しくなって、気持ちが和らいでくるでしょう。

ある講演会で、私は自分のドレスの裾《すそ》を踏んで舞台上ですべってしまったことがあります。

そのときも、すかさず笑いに変えてしまいました。

「〝すべっても、うまくいっている〟ですね!」

会場中が笑いに包まれ、いつも以上に楽しい講演会になりました。最近では、講演会でピンク龍になったり、マリー・アントワネット、コノハナサクヤ姫や倭《やまと》姫になったり、いろいろ変身して「笑い」を提供しています。

毎日、ちゃんと笑えている人は心も体も健康で、バランスがとれています。

そして、**「笑い」はまわりとの関係を円滑にしてくれる最高の薬**でもあるのです。

「笑い」を人生にもっと取り入れましょう！

4章

「言葉」には、人生を好転させる不思議な力があります

……唱えるだけで「いいこと」続々！

「何気なく使っている言葉」に秘められたパワー

あなたにはどんな「口グセ」がありますか？

あまり意識したことはないかもしれませんが、口グセは人生を大きく変えるパワーを秘めています。


私の母は何事でも、絶対に「できない」と言わない人でした。

「あら、簡単よ！」

というのが口グセで、どうすれば実現できるかを熱心に考え、どんなに難しいことでも何とかやり遂げてしまうのです。

子供たちが難しいものをつくってほしいと頼むと、母はいつも「あら、簡単よ」と答えました。

たとえ心の中ではどうしようと思っていても、そう答えた瞬間に「できる」モードにスイッチが入り、次々と思考回路がつながっていくのでしょう。

自分にも人にも厳しい母でしたので、これまでお話ししたように私の中で葛藤はありましたが、前向きな母が子供心に頼もしく思えたものです。

つらいときこそ「プラスの言葉」を口にしてみる

私もそんな母の口グセの影響を受け、自分でもプラスの言葉を口にするようになりました。心と体は直結していますから、**とっさに出るプラスの言葉が前向きな行動を起こす引き金になる**のです。

「ポジティブ・シンキング」がいいとわかっていても、苦しいとき、つらいときには、なかなか前向きに考えられません。

そんなときこそ私たちを助けてくれるのが、**「言霊《ことだま》」**のパワーです。**「言霊」とは言葉に宿る不思議な力**のことです。

心の中、頭の中がどんなにマイナス状態であっても、プラスの言葉を口にしてみることが肝心です。

実は、**日本語こそ最高のパワーを秘めた言葉**と言われています。日本語は、すべての言葉に「アイウエオ」という母音がついている、世界でも珍しい言語なのです。

宇宙のはじまりには音があったと言われ、母音は〝聖なる音〟とされています。母音は自然界の音に近いので、言葉と万物の事象が結びつきやすいからです。

『新約聖書』の中に言葉の重要性を示す部分があります。


はじめに言葉があった。

言葉は神とともにあった。

言葉は神であり、この言葉ははじめに神とともにあった。

（「ヨハネによる福音書」第一章）


日本でも古来、言葉を重視し、言葉の持つ力が信じられてきました。

平安時代の歌人、紀貫之《きのつらゆき》は、言葉には人と人、心と心をつなぐ目に見えない大きな力があると考え、

「（言霊が）あめつち（天地自然）を動かす」

と表現しています。


日本語はすべての言葉に母音がついている言語とお話ししましたが、そうした言語は、宇宙のエネルギーに共鳴すると、「聖なるパワー」をいっそう強く発揮するのです。

私たちは日本に生まれ、聖なる言葉である日本語を日々、話しています。ふだ

ん何気なく使っている言葉の中に思いがけないパワーが満ちているのです。

ぜひ拙著『あなたのまわりに奇跡を起こす言葉のチカラ』（青春出版社）も参考にしてみてください。

次の項目では、**「言霊」パワーを最強にする、私のおすすめの言葉**をご紹介します。

「すべてはうまくいっている!」という最強の言霊

沖縄にある私のクリニックは小高い丘の上にあり、テラスから美しいブルーの海を見渡せます。

このテラスを私は「バンザイテラス」と呼んでいます。なぜなら、患者さんたちがこのテラスで「潜在意識の解放記念」にバンザイ三唱をして、今までの人生のパターンに「さよなら」をするからです。

患者さんの中に、うつ病になって四年が経ち、なかなか社会復帰できないと悩む方がいました。通いはじめた当初は、心も体もヘトヘトでエネルギーが枯渇し、休養が必要でしたが、治療を続けるうちに少しずつ元気になっていきました。

ある日、私は直感したのです。

そろそろ、彼のうつ病が治る時期になったと――。


「あとは自分で『うつをやめる決心』をするだけよ」

私がそう言うと、彼はひどく驚いたようです。

「えーっ、自分で治ることを決められるんですか？」

「そうよ、何でも自分で選択して決めるの。私たちは、そのためにこうして生まれてきたのだから」

「今までずっと、よくなるのを待っていたけれど、そういえば最近はうつに飽きてきたような気がします。そうか、自分で決めていいんだ」

そう言うと、彼はテラスから目の前に広がる海に向かって、こう宣言しました。

「今から、うつをやめます！」


そこで私が処方したのは抗うつ剤ではありません。

薬よりも、もっと効果のある**「カニ踊り」**を伝授したのです。


「カニ踊り」のやり方は、とてもシンプルです。

両手をカニの爪のようにしてピースサインをつくり、

「すべてはうまくいっている！」

と言いながら、横歩きで右に二歩進みます。次は同じように「すべてはうまくいっている！」と言いながら、左へ二歩横歩きします。

そして、最後に、

「えいっ、えいっ、いえーい！」

と、元気よく言いながら、握りこぶしにした右手を三回つきあげます。

やっているうちに恥ずかしさは吹き飛び、つい笑ってしまいます。どんなにシャイな男性でも思わずつられて踊ってしまう不思議な踊りなのです。

私が一緒に踊っていると、うつ病の彼もすっかり爽やかな笑顔になっていました。

どんな体験も「幸せになる」ためにある

「すべてはうまくいっている！」という言葉には、最強の言霊パワーがあります。

この言葉は宇宙の真理そのものを表わしており、一切皆空《いっさいかいくう》の真理を説く『般若《はんにゃ》心経《しんぎょう》』を唱えることと同じ効果が得られるのです。

この言葉は、まさに**「運命を好転させる魔法の言葉」**です。

そして同時に、冒頭にご紹介した「人生に関する三つの真実」の本質を表わしています。

①人生は自分の「思い」によって創造されている

②**私たちは「選択の自由」を持っている**

③**「人生のシナリオ（流れ）」は生まれるときに自分の魂が書いている。変更も可能**

「すべてはうまくいっている！」を口グセにしていると、「マイナスの思い込み」が浄化されていき、しだいに「プラスの思い込み」へと変わっていきます。

何かつらいことがあっても、とりあえずこの言葉を繰り返し言ってみること。

そうすれば、

「きっと、これも幸せになるために体験しているんだ。大丈夫！」

と思えるようになってきます。

すると、現実が変わり出します。

よいイメージが潜在意識にしっかりインプットされ、そのイメージ通りの現象をどんどん引き寄せるようになるのです。

がんばりすぎの人に効く「すべっても、うまくいっている！」

何をやっても、なかなかうまくいかないという人には「すべてはうまくいっている！」という言葉のパロディ版があります。

前にお話ししたように、私は講演会で自分のドレスの裾を踏んで、すべってしまったことがあります。

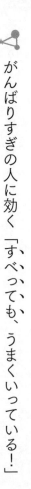

そのとき、とっさに口から出たのが、

「すべっても、うまくいっている！」

という言葉でした。

これがウケて、会場は大爆笑。講演会のあと、「今日はこの言葉で救われました」と涙ぐむ人までいてびっくりしましたが、私自身、ふっと肩の力が抜けて自分を誇らしく思えたのです。

大阪での講演会だったのですが、「笑いの本場」で笑いをとれたことに私は大満足でした。

私たちは知らず知らずのうちに、がんばりすぎて肩に力が入ってしまうこともあるでしょう。そうすると、自分で自分を追い込んでしまいます。

そんなときはぜひ、「カニ踊り」を試してください。

「すべてはうまくいっている！」

これはまさに**運命を好転させる最強の言霊**です。口グセにして、どんどん奇跡を起こしていきましょう。

これからのあなたの人生は、いつも、「すべてはうまくいっている！」。

たとえ転んでも、「すべっても、うまくいっている！」。

「ありのままの自分」を好きになる魔法のフレーズ

クリニックに来られる初診の患者さんに、私は必ず**「ハグ療法」**をしています。深い心の傷やトラウマを抱えている人は悲しみや怒りの感情が溜まっているので、それを解放させてあげることが大切です。「ハグ療法」とは相手のすべてを認めて、受け入れるという愛の癒しなのです。

私はまず〝お母さん役〟になって、目の前の患者さんをふわっと抱きしめます。

「生まれてきてくれて、ありがとう！」

愛を込めて言葉をかけると、今までしこりとなって心に残ったままの感情や緊張感がほどけていくのがわかります。

わっと泣き出して、「おふくろ!」と抱きついて離れない男性もいました。聞くと、幼い頃からお母さんにイジメられていたそうで、体中に痛ましい傷跡が残っていました。本当は母親に抱きしめてもらいたかったのに、一度も抱きしめてもらえなかったさみしさが、そのとき一気にあふれ出たのです。

「ありがとう」は、魔法のスイッチ

「ありがとう」はとてもシンプルな言葉ですが、ものすごい言霊パワーがあります。

この言葉を口にすると瞬時に、「悩み」や「不安」というチャンネルから**「感謝する」という素敵なチャンネルに意識を切り替える**ことができるのです。

「ありがとう」と言われると何だかうれしくなり、心が温かくなりませんか?

「ありがとう」という言葉はまるで魔法のスイッチのように、その場の空気まで明るく変えてしまいます。しかも、

「生まれてきてくれて、ありがとう！」

という言葉を発すると、その人の命そのものを慈《いつく》しみ、相手のすべてを認めることになります。相手のすべてを認める＝受け入れることは「無条件の愛」を表わしています。

「私は私」で主体性を取り戻す

「自分のことを好きになれなくて……」

「いったいどうしたら、自分を大事に思えるかわかりません」

いくらがんばっても親になかなか認めてもらえなかった人や、「いい子」を続けるあまり自分の本音を抑え込んできた人から、このような相談をよく受けます。

「ありのままの自分」を認めることができないと、どんどん自信を失くしてしま

うのです。

私自身も子供の頃からそうした気持ちを抱えていました。でも、あるとき、アメリカ人から習ったマントラ（瞑想で唱える聖なる言葉）の中で、

「I am that I am（私は私）」

という言葉に出会いました。

ヘブライ人の指導者であるモーゼが神から十戒《じっかい》を受け取ったときに、神が発した「私は在《あ》りて在るもの」という大切な言葉です。

「私は私」というのは、最初は当たり前のことのように感じられたのですが、実はこの言葉は人生の真髄を含んでいたのです。

人生は自分の思い込みで変わっていきますが、「私は私」という言葉には**マイナスの思い込みをプラスに切り替えるパワフルな効果**があると気づきました。

それは「主体性」を取り戻すということ。親の言いなり、まわりの人の言う通りに生きるのではなく、「私は私」と、「ありのままの自分」に目覚めることがで

きるのです。

〝言葉の花束〟に愛というリボンをつけて

「私は私！」

実際に口に出してみると、自分の中に本来備わっている力が湧いてくるように感じませんか？

自分を他の誰かに認めてもらうのではなく、自分で認めることができたら、だんだん自信も備わってきます。〝私は私らしく生きていいんだ〟と自然に思えてくるでしょう。さらに、

「大丈夫！」

という言葉を発すると安心は深まり、気持ちもリラックスしていきます。

そして、ありのままの「私」を好きになれるように、**「大好き！」**と声に出して言いながら、自分を優しく抱きしめましょう。自分で自分に「ハグ療法」をす

るのです。

「生まれてきてくれて、ありがとう！」
「私は私！」
「大丈夫！」
「大好き！」

たまらなく不安になったとき、自己嫌悪に陥ってしまいそうなときこそ、こんな言葉を自分にプレゼントしてください。

私のクリニックでは、「自分へのご褒美《ほうび》には、ちゃんとリボンをつけた花束をプレゼント」と処方箋《せん》に書いています。

本物の花束と一緒に、〝言葉の花束〟に愛というリボンをつけて自分に贈りましょう。すると、あなた自身が宇宙の大きな愛に包まれます。

「心地よい関係」を築くコミュニケーション術

何気ない友人との会話、先輩や恩師の言葉、さらには初対面の人の〝ちょっとしたひと言〟が、思いがけない人生のチャンスにつながることがあります。

それをキャッチできるかどうかは自分しだいです。その前に大前提として、まずは「その場にいて心地よい」と感じられる人間関係の中に自分を置いているかどうかが大切です。

ですから、「私もこうなりたい」と思えるような人たちがいるグループ、ポジティブで素敵な仲間が集まっているところ、楽しそうに盛り上がっているなと思えるところには、どんどん参加してみてください。

自分が萎縮《いしゆく》してしまったり、怖《お》じ気《け》づいてしまったりするようなグループ、気持ちが沈んでしまうところには、ムリして行かないほうがいいでしょう。「まだ、ここにデビューするときじゃない」と思えばいいのです。

「会話の引き出し」をムリなく増やすコツ

新しい人間関係の中に入るのは、誰でも勇気がいります。

でも、自分は話し上手ではないからと、気後《きおく》れすることはありません。

「聞き上手」になることを心がければいいのです。

話し方が上手な人を観察して、こういうふうに話したらいいんだとノウハウを学ぶことが大事です。

実際、「聞き上手」な人は「話し上手」でもあります。興味ある情報やワクワクするような話を聞いて、それが映画や食べ物の話だったら、自分も実際に体験してみましょう。

評判のいい映画を観たり、美味《おい》しいと評判のお店へ行ったりすると、今度は自分から新しい話題や情報を提供することができます。

会話の引き出しが増えると、自然と話し上手になれます。

逆にたくさん話す人でも、自分のことばかり話して、相手の話を聞かないタイプもいます。そういう人は、だんだんとまわりの人が離れていきます。

まずは相手の話をきちんと聞き、**相手が話しやすいように「合い（愛）の手」**を入れて盛り上げましょう。それができれば、あなたは必ず人気者になります。

「がんばって」よりも「がんばってきたね」

話すときには、「声の出し方」に気をつけましょう。

キンキンと甲高《かんだか》い声や熱く語る調子では聞くほうは疲れてしまうので、**ちょっとトーンを落として話し、話を終えるときの語尾だけをすっと上げる。**そうすると相手には心地よく聞こえます。

注意を与えたり、お小言《こごと》を言ったりするときでも、最後に語尾のトーンを上げれば明るく終わることができます。そのときに、「大丈夫、あなたならできるから」と励ましの言葉を添えると、相手もやる気が出るでしょう。

よく、落ち込んでいる人を励まそうとして「がんばってね」と言うことがありますが、この言葉は逆効果になりがちです。

私はうつ病の患者さんを数多く診てきましたが、「がんばって」と言うと、むしろプレッシャーになって、追いつめてしまうことがあります。そこで、

「がんばってきたね」

と過去形にしてみてください。すると、それまでの生き方を肯定することになり、癒しの言葉になります。

相手の「よいところ」を素直にほめる

理想の人を見つけたら、ぜひ自分から近づいていくことをおすすめします。

誰しも嫉妬《しっと》や悔しさといったマイナスの感情を持っています。あの人に負けたくないと思ったり、ねたましく感じたり……。

でも、それは「うらやましい」という思いの延長線上にあるものなのです。

自分もそうなりたい、もっと成長したいという、とても純粋な気持ちの表われなのですから。

勇気を振りしぼって近づいて尋ねてみると、相手も喜んで、いろいろ教えてくれます。そのときに大切なのは、**相手のよいところを素直にほめる**ことです。

「すごいね！　どうしたらそんなふうにできるの？」

などと声をかけてみるのです。相手も、きっとうれしくなって、いろいろと教えてくれるでしょう。

私もほめられたり、おだてられたりすると、すぐ〝木〟に登りますが、人間は自分を認めてくれる相手には、うれしくなって、何かいいものをお返ししたいと思うものです。

厳しい言葉は〝愛情の裏返し〟と解釈

人生では、自分の「思い」が、いろいろな現象を引き寄せるとお話ししました。それは人間関係でも同じです。

誰かの悪口を言うと、またその人の悪口を言いたくなるようなイヤなことが引き寄せられます。逆に、あの人は優しい人だなと思っていると、さらに優しくされたりするものです。

たとえば、お姑《しゅうとめ》さんとうまくいっていないときは、こう口に出して言ってみてください。

「これはきっと愛情の裏返しなんだ。私を磨いてくれるために、わざわざ〝タワシ〟になってくれているのね」

職場に厳しい上司や、ものすごく意地悪な先輩がいても、その人はウルトラ級の〝タワシ〟だと思って、**「黄金のタワシ」**と命名してしまいましょう。

何があっても、

「今日も〝黄金のタワシ〟に磨かれちゃった」

とそっとつぶやいてみてください。

自分の心が軽くなるのを感じます。

言葉で明るい気持ちを引き寄せてしまいましょう。

「お疲れさま」より「お元気さま」

私の夫が実践していて、よいなと感心したのは、「お疲れさま」と言わないことです。

仕事仲間や知人をねぎらうときに、夫は、

「お元気さまです」

と声をかけています。

「疲れる」というマイナスの言葉から出るエネルギーを避けて、「元気」というパワフルなエネルギーを日常生活に取り入れているのです。

自分も相手も、お互いにその言葉を聞いているうちに本当に元気になっていきます。

言葉に秘められた「プラスのエネルギー」を味方につけて、素敵なコミュニケーションをとっていきましょう。

「人生最高、ブラボー！」宣言

日常生活の中で何かを達成できたときは、「やった！」「よかった！」など、ほんの短くてもいいので、**自分を認める言葉を声に出す**ことを習慣にしてみてはいかがでしょうか。

料理が美味しくできたとき、挑戦したダイエットで三百グラムでも効果があったとき、仕事がうまくいったとき……。どんなに小さなことでも、それを喜びとして口にすることで、さらに前向きな気持ちが湧いてきます。

私はクリニックやセミナーで、**「アファメーション（affirmation）＝自分自身への宣言」**をおすすめしています。自分の考えや目標などをはっきりと言い切る、つまり宣言することです。

かつて高校の看護科で精神医学の授業を受けもったとき、楽しいミニワークをしました。それは「インナーチャイルドの癒し」（136ページ参照）を応用したものので、自分を愛するための方法です。

まず、両手で自分を抱きしめる動作をします。そのまま目を閉じて、

「私は私が大好きです！」

と十回叫ぶのです。

これを実行するにはかなりの勇気が必要で、自己嫌悪が強い人や恥ずかしがりやさんには、なかなか難しいかもしれません。

その授業でも、二、三人ほどできない生徒がいました。でも、そのうちの一人が「恥ずかしい実習をやりながら、だんだん自分のことを好きになれました」と

いう感想を期末試験の答案用紙の裏に書いてくれました。

声に出して「はっきり言い切る」効果

この方法は、自分が苦手なことを克服したいときにも応用できます。苦手というのはマイナスの思い込みですから、反対によいイメージを頭に描いて、そうなっている自分を言葉に出して、天に向かって宣言してみるのです。


「私は人前で話すのが得意です！」

「私は料理が上手です！」

「私はいつも男の人とうまくつき合えます！」

「私は本番に強く、試合で実力を発揮します！」


ブツブツつぶやくのではなく、「声に出してはっきり言い切る」こと。それによって自分の気持ちにはずみがつきます。「……になりたい」と言うだけでは消極的で、そう思っている状態が続くだけ。

無限の大きな力を持つ**天に向かって宣言することで、宇宙からの応援も受けやすくなるのです。**

もっとこう変わりたい、こんな自分を目指したいと思うイメージがあったら、シンプルな言葉でどんどん口に出してみましょう。

「私は自由！」
「私は健康！」
「私は完璧！」
「私は幸せ！」

そのときは**三回続けて唱えることがポイント**です。

なぜ三回かというと、私の経験上、音声化した言葉を三回以上聞くと、大脳に「新しい思い込み」としてインプットされるからです。
もちろん、三回以上、何度も繰り返し言ってもよいでしょう。

「私は天才！」

これもパワフルな言葉で、自分の中に眠っていたいろいろな才能がパッと花開きます。
そして、何よりも覚えておいてほしいのがこの言葉です。

「人生最高、ブラボー！」

これまでの過去生も含めて、今まで自分の魂が体験してきたことすべてを肯定する言葉です。

やはり、マイナスの思いを心に抱けば、マイナスの出来事が続き、プラスの思いを心に抱けば、プラスの現象が引き寄せられます。

ですから、セミナーの最後にはいつも「人生最高、ブラボー！」宣言をします。最初は恥ずかしそうにしていた人たちも、「人生最高、ブラボー！」を何度も繰り返すうちに、すっかりテンションがあがり、とにかく笑顔になります。

いつも笑顔が絶えない、楽しい人生を引き寄せましょう。

5章

もっと「私らしく」輝いてもいい

……「命」をきらめかせて生きるために

「宿命」と「運命」はどう違うのでしょうか

先に、私たちは「人生のシナリオ」を書いて生まれてくるとお話ししました（36ページ参照）。

そこで気になるのが、

「そのシナリオは、どのくらい決まっているのか？」

「どうしたら変えることができるのか？」

ではないでしょうか。

「カルマの解消」とは、どういうことか

「人生のシナリオ」には、**「宿命」と「運命」の違い**が影響します。

「宿命」は「命が宿る」と表わすように、私たちが**この世に命を授かったときからすでに自分の中に宿っていた定め**です。

「どうしてもここは気になるから、次に生まれ変わるときはその続きをしたい」

「やり直しをしたい」

という「魂の宿題」にあたる部分なので、ほぼ変えられません。

これまでお話ししたように宿題にもいろいろありますが、前の人生でやり残した大きな課題は、それまでの人生観を変えるような出来事――病気だったり、大切な人との離別や死別であったりと、比較的大きな宿題として次の人生に出てくるので、こういったものが「宿命」にあたると言えるでしょう。

宿命を受け入れ、乗り越えることで、私たちは過去の人生の行為（カルマ）の解消をします。

この「カルマ解消」は、「肉体を持った人間」として生まれた地上でやり遂げなければなりません。「あの世」に戻っているとき、つまり魂だけの状態ではできないのです。

今回の人生では、過去の人生とは文明や世の中も変わっているので、やり残した過去の人生とまったく同じ現象にはなりませんが、過去生と似たような状況で似たような感情が現われ、カルマを解消するシステムになっているのです。

「魂の宿題」をクリアしたあとの達成感

もちろん宿命を乗り越えるのは、そう簡単なことではありません。受け入れ、乗り越えていかねばならない宿命は、人それぞれの魂の成長度合いによって違います。他の人には簡単に乗り越えられそうなものであったとしても、当人にとっては人生をかけるほどに厳しいこともあるかもしれません。

それでも、宇宙には、愛のエネルギーによって変化を起こす「愛の法則」があるので、以前の人生で相手がいてつくられたカルマの場合は、自分が相手に与えた負荷の五分の一で「魂の宿題」を片づけることができます。


たとえば、「魂の宿題」がお金をテーマとする場合であるとしましょう。

「なぜ、自分ばかり、こんなにお金を負担しなくてはならないんだ」

と誰かに対して思っているとしたら、過去生のどこかで、今あなたが負担している金額の五倍の額を、その相手に負担させていた、ということなのです。


でも、私たちは、「宿命は乗り越えられる」というシナリオを書いて生まれてきます。ですから、どんなにつらくても、自分の人生を信じることができれば、必ず宿命を乗り越えることができます。

しかも、乗り越えたあとには達成感があり、それ以降の人生は以前の人生よりもさらに喜びと輝きが増すという、うれしいプラスアルファがついてくるのです。

宿命さえ変える「愛の奇跡」

ところで、さきほど「宿命は、ほぼ変えられない」と言いましたが、実はごくまれに、奇跡的に宿命そのものをがらりと変えられることがあります。

私はそれを**「愛の奇跡」**と呼んでいます。

プロローグで、末期ガンと宣告されたにもかかわらず、回復した男性のことをお話ししました。ここでくわしく書くことはできませんが、その男性にとって、末期ガンになったことは宿命でした。大病を患うことで過去生でつくったカルマを解消することが必要だったのです。

彼は病気を受けとめることで、それまでの自分の生き方を見つめ直し、浮気をしたりして泣かせてきた妻にきちんと謝りました。そうした夫の姿に、妻の心も変化していきました。

そして、「一緒に生き続けたい」と願う夫を妻が献身的に支えようと思うようになったからこそ、夫は私のクリニックにも出会い、医学の常識を超えてガンを克服していくプロセスを味わうことができました。

夫婦の絆によって「愛の奇跡」を起こしたのです。

この体験を通じて彼は、以前とは別人のように変わっていくことができました。

先日、元気な声で連絡があり、「家族のすすめで石垣島でイルカと泳ぐ体験ができた」と話してくれました。まだ車イスを使っていますが、きっと自分の足で歩けるようになると信じています。次なる奇跡を体験できるように、私は愛の祈りと応援を続けていきたいと思います。

私たちは「宿命」を克服することができたら、そのあとの人生は自由気ままに楽しめるようになります。いわば「夏休みの宿題を片づけたら、あとは自由に楽しめる」ような感じです。

そして、ここからが**「運命」のはじまり**です。

次の項目では「運命」の切り拓《ひら》き方についてお話ししましょう。

人生は「オプショナル・ツアー」のようなもの

「宿命」を乗り越えたときから、いよいよ**「運命」がはじまります。**

運命は「命を運ぶ」と書くように、自分の意志で命を運んでいくということ。いわば〝オプショナル・ツアー〟のようなもので、その人しだいでいくらでも好きなように内容を変えることができます。

これまでお話ししたように、私たちがこの世に生まれるにあたって「人生のシナリオ」を書くとき、最初に選ぶのが「人生の目的」です。

大切な人に愛を届けたい、こんな仕事を実現したい、どうしても謝りたかった人に再会したい、この国で暮らしてみたいなど、人生の目的は、人それぞれです。

たとえば、

「前の人生では結婚もせず仕事に没頭していたから、今度は思いっきり子育てをしたい」

と決めて生まれてきた人であれば、家庭に入り、子育てに専念する生活を幸せと感じます。

逆に、過去生では子供や夫に尽くす生活をしていたから、

「もっと仕事がしたかった、自分の可能性を追求したかった」

と心残りに思っている場合は、今度生まれてくるときには、家庭を持たずに、バリバリ仕事をこなしていくことを「人生の目的」に選んでいるでしょう。

そして、その目的を達成するためのシナリオにそって「今」というときを生き

ていきます。

自分の「人生の目的」を達成するために〝今〟があるのですから、

「どうして私は結婚しなかったのかしら」

「仕事をしていたら、私の人生、もっと違っていたかも」

などと思うことはあまり意味がないことです。

「幸せの形」は人それぞれです。「世間一般では、こうするのが普通」という〝幻《まぼろし》の平均値〟に惑《まど》わされないでください。

失敗と思えるような経験もすべて、今のあなたの人生には必要な経験だったのです。

「自分らしく生きる」とは波瀾万丈!?

それでも、ついまわりと比べてしまい、「自分はどう生きたらいいのか、わからない」と悩んで相談に来る人がいます。

そんなとき、私はあえてこう聞きます。

「あなたは平均的な人生を生きたいんですか？」

すると、多くの人はこう答えます。

「やっぱり自分らしく生きたいです……」

それに対する私の答えは、

「自分らしく生きるというのは、かなり〝波瀾万丈〟ですよ」

です。


私がそう言うと、みなさん驚いたり笑ったりしますが、それは人生の真実です。

「自分らしく生きたい」とがんばるほど課題のハードルは高くなり、跳び越えられたら、またハードルは上がっていくのです。

でも、流した涙が多いほど、悲しみが深いほど、喜びは大きいもの。課題を達成した喜びが、より深い生き甲斐《がい》や幸せにつながっていきます。

「逆境のとき」こそ運命が動き出す

さらに言えば、**逆境にあるとき、困難に直面しているときこそが「宿命」を乗り越えるベスト・タイミング**です。一見、困難に思えても、それを乗り越えることで仕事や人間関係が変わったりして、人生に変化が起こるのです。

つまり、「運命」が動き出すチャレンジのときなのです。そして、**そのタイミングを決めるのは自分の魂**です。

会社が倒産したり、家族が病気で倒れたり……突然の試練でも、絶対に乗り越えられます。

私たちの人生は、ビデオに録画されていると考えてみてください。

そして、あの世に帰ったとき、自分の人生に縁のあった人たちとその課題を乗り越えていく様子を見るのです。

そして、あの世では、いろいろな試練を乗り越えてきた人ほど「すごいね！」と称賛を浴びます。反対に、試練が少なかった人は「ちょっと見せ場が少なかったのでは？」と思われるかもしれません。

今はつらい状況でも「ビデオに録画されている」と思えれば、自分がドラマの主人公のように見えて、心のゆとりも生まれます。

何かミスをしても**「あっ、これはNG場面ね、笑いの提供だわ」**。

思いがけないことが起こっても**「これで話はますます盛り上がるかも」**。

こんなふうに、自分で自分の人生を客観的に見ることができるでしょう。

たとえ、今は力及ばず、うまくいかないことがあっても、**「才能が伸びるのはこれからね」**と自分の状況を笑えるくらいになれば、しめたもの。

気持ちが前向きになるとエネルギーがどんどん増えて、逆境や困難も乗り越えやすくなります。

自分の人生は、ほかでもない自分が主人公です。

ですから、誰かのせいにしたり、後悔したりしても人生が勝手に好転してくれるわけではありません。**「すべてはうまくいっている」**と言い切って前向きに生きていくことが大切です。

自分の人生を信じて、「運命」を切り拓くチャンスをどんどん引き寄せれば、それに比例するように「奇跡」が起こりやすくなります。

◆日常生活の中にある「小さな奇跡」

みなさんもこれまでの人生を振り返ってみれば、自分のまわりでもさまざまな「奇跡」は起きていたことに気づくはずです。

そもそも私たちが生きていること自体が奇跡です。毎朝、元気に目覚め、健やかに過ごせる日々が続くことも奇跡と言えるでしょう。

私は、いつもそうした「命の不思議」について思いをめぐらせています。

そして、ふと、**日常の生活の中にも「小さな奇跡」があふれている**ことに気づくのです。

私のファンの中に、鉢植えの花をたくさん育てている方がいます。その方は、その鉢植えに、私が愛を込めて歌ったヴォイスヒーリングのCDを聞かせているそうです。

あるとき、そのCDをかけていたら、すでに咲き終わってしぼんでいた鉢植えのカトレアの花が二輪、翌朝また美しく開いたと喜んでいました。

たぶん、そのカトレアは心地よい音楽を聞いてリラックスし、

「私たち、もう咲いたかしら？」

「あら、これからじゃない？」

とばかりに、よみがえってしまったのだと思います。植物も愛をいっぱい与えられると、命の奇跡が起こるのでしょう。

「こんなにきれいに咲いてくれて、ありがとう」

私も、家の庭でいろいろな花を育てています。

東京に住んでいた頃、七月の初めに開かれる入谷《いりや》の朝顔市へ出かけて、五百円のすごくかわいい鉢植えを買ってきたことがありました。

「かわいいね、こんなにきれいに咲いてくれてありがとう」

毎朝、水をあげながら声をかけていたら、小さな朝顔はその気になったのか、どんどん大きく育っていきました。

「まあ、素敵、素敵。ブラボー！」

私もうれしくなって話しかけていると、朝顔は夏を過ぎてもまだ咲いています。

「あら、あなたは秋にも咲けるのね。その調子、その調子……」

いつしか秋が終わり、真冬になってもずっと咲いていました。

「あなた、すごいわ。朝顔の中ではナンバーワンよ！」

その朝顔は結局、三月まで咲き続けたのですが、桃の節句を迎える頃にはだんだん株が小さくなっていきました。

「あなたは世界一の朝顔よ。もういいわ、ずっと咲いてくれてありがとう！」

と、思わずお礼の言葉をかけたところ、その翌日には朝顔は葉や茎《くき》もしゅんとしぼんで枯れていたのです。あまりに愛《いと》しい小さな植物の奇跡でした。

鉱物の結晶――「クリスタルヒーリング」のパワー

これまでお話ししたように、私は人の「命」と向き合う中で、心と体と環境の調和をはかる**ホリスティック医学**に出会いました。

そこで実践している治療法の一つが、**クリスタルヒーリング**です。自然界で形成された宝石の原石や、その他の鉱物が持つエネルギーによって、思いがけない奇跡が起きるのです。

ここで、アメジストという紫の石にまつわるお話をご紹介します。

私はあるアメジストをかなり愛用していたのですが、ある日突然、見当たらなくなってしまいました。

それから二年が過ぎた頃、弟の息子である甥《おい》が倒れ、意識を失って入院したとの連絡がきたのです。

「お義姉《ねえ》さん、あの子が倒れて、意識が戻らないの」

ひどく取り乱して電話をしてきた義妹《いもうと》を落ち着かせようと、私は言いました。

「大丈夫よ、今から祈ってヒーリングするから」

不安な気持ちを鎮め、集中力を高めるためにローズマリーとラベンダーの香りを使い、ヒーリングをはじめました。

「あのアメジストがあったらいいのに……」と思った瞬間、いつも私を守ってくれている**〝守護天使〟の声が聞こえた**のです。

「最近買ったナップザックのポケットの中に入っているわよ」

まだ買ったばかりで包装も解いていないのだから、二年前に失くしたアメジストが入っているわけがない……。そう思いながらもナップザックをナイロンの袋から取り出し、ポケットのジッパーを開けてみると……なんとアメジストが入っていました。

さすがに私にも信じがたいことでしたが、まるでアメジストが瞬間移動でもしたかのような奇跡が起きたのです。私は二年ぶりにアメジストが見つかったことで、さらなる奇跡を信じ、意識の回復を促す香りを使って、遠く離れている甥のために祈り続けました。

すると、十分ほど経った頃、また義妹から電話がありました。

「お義姉さん、ありがとう！　意識が戻ったの。お医者さんもわけがわからないと言っているのよ」

うれしい知らせに私もほっと安堵《あんど》しました。それからほどなくして、甥が無事に退院したという知らせを受けたのです。

一つの奇跡は「次なる奇跡」を呼ぶ

その後、このアメジストはもう一度、奇跡を起こしたのです。

私の友人が親しくしている人の娘さんが意識を失って昏睡《こんすい》状態に陥り、病院ではもう手の施しようがないと言われたときのことです。

友人から連絡を受けた私は、**「これは奇跡のアメジストなの。どうぞ、手に握らせてあげて」**と、あのアメジストを渡し、友人はそれを持ってすぐ病床へ駆けつけました。

こんこんと眠っている娘さんの手にアメジストを握らせると、ほどなく彼女は意識を取り戻し、むくっと起きあがったのです。

「わあ、キレイな石」

手にしたアメジストを見ながら、ぽつりと言った彼女を見て、その場にいた医師もいったい何が起きたのかと驚いていたそうです。

一つの奇跡は次なる奇跡を呼ぶと言われますが、まさに「引き寄せの法則」を象徴する出来事でした。

そうした奇跡の連鎖を促すのが、次にご紹介する**「祈り」のパワー**なのです。

「祈り」がもたらすもの

世界ではさまざまな「奇跡」が起きていますが、あるとき、フェイスブックでこんな話を見つけました。

それは中国で開催されたストリートダンスの国際大会での出来事でした。大会が終わったあと、日本から参加した子供たちが会場で、散らかし放題のゴミを拾い、ゴミ袋に入れていたそうです。

しかも、歌ったり話したりしながら、楽しそうに、現地の人たちが散らかしたものを片づけていたのです。その姿を見て、中国の人たちはとても驚きました。

「日本の子供はすばらしい！」

ダンスの結果よりも、その姿に衝撃を受けたといいます。

子供たちの行動を称賛する声がツイッターで広がり、そのツイート数は大変な数にのぼりました。

楽しそうにゴミ拾いをする子供たちの姿を思い浮かべながら、私もうれしくなりました。

「人間はどんどん進化していったら、どうなると思う？」

不思議なことに同じ日、もう一つ感動的な話をフェイスブックで見つけました。

四人の子供を育てている女性のブログです。

彼女はある日、末っ子の小学一年生の息子に、寝る前に本を読み聞かせながらふと聞いてみたそうです。

「人間はどんどん進化していったら、どうなると思う？」

息子はこう答えたといいます。

「愛になるんだよ。僕はね、愛を出したいんだよ。愛を出してみんなに分けてあげたいんだよ。世界中のみんなにだよ」

そのブログを読んだ人が、自分の十四歳の息子に同じことを尋ねたところ、なんと彼もまたこう答えたそうです。

「もちろん、**愛と神様に感謝だよ**」

私はブログを通じて二人の少年の答えを知り、胸が熱くなりました。今の子供たちは、なんてすばらしい魂を持って生まれてきたのだろうと心から感動しました。

私たちの魂が「いっそう磨かれるとき」

私たちの魂は、天災や不慮《ふりょ》の事故など、自分の力ではどうしようもない出来事に見舞われたときこそ、いっそう磨かれるのではないでしょうか。

自然災害などで、大変な被害を受けた人にとっては、被害を受けたことは青天《せいてん》の霹靂《へきれき》で、まさに衝撃に打ちのめされることでしょう。そして、テレビでその光景を見た人たちも他人事とは思えず、心を揺さぶられます。

二〇一一年三月十一日に起きた東日本大震災。あのときから、世界中の多くの人々が祈りはじめました。日本の大地震を知った英語圏のある男性はツイッターで、

「PRAY FOR JAPAN（日本のために祈ろう）」

というメッセージを投稿しました。このメッセージはインターネットでたちまち世界中に広がり、二十四時間のうちに全世界から日本への祈りの言葉がツイッターなどのSNSに届いたそうです。なんと数十万件も！

私自身も、震災の翌日から急きょメールマガジンを発信し、愛の祈りの具体的な方法を伝えました。三カ月後には岩手県・陸前高田《りくぜんたかた》市へ行き、被災された方々を少しでも元気づけられたらと、現地でお話しする機会をいただきました。

陸前高田の街は津波で何もかも流され、がれきに覆われて荒涼としていました。大切な家族や友だちを亡くされ、避難生活を送る人たちの口は重かったのですが、生の花を持参して笑いいっぱいのミニ講演会ができ、最後には「すべてはうまくいっている！」のカニ踊りもできました。久しぶりに笑えたとみなさんの笑顔を見てほっとしました。

時薬――希望は心に必ず宿る

その後、三年ぶりに陸前高田を訪ねたときには、更地《さらち》になったところに小さな花畑ができていました。私の講演会にも、自ら話を聞きたいと思われた方々が集まってくださいました。

お気持ちを思うと……本当にありがたかったです。

講演会が開かれたのは、「にじのライブラリー」という名の仮設図書館でした。

震災後に立ちあがった「子どもたちへ〈あしたの本〉プロジェクト」から寄贈された子供の本が並ぶ愛らしい木造の図書館で、今泉天満宮の境内《けいだい》に建てられています。

そのお社《やしろ》は津波で流出してしまいました。「天神の大杉」と呼ばれる樹齢八百年から千二百年とも言われている大樹だけが残ったのですが、それも枯れかけて瀕死《ひんし》の状態になってしまったのです。

ところが、三年ぶりに訪れた私が目にしたのは、幹《みき》のまわりにすくすくと育った緑色の若木でした。新たな命の息吹を感じ、とても感動しました。

みんなで祈ったり、クリスタルを根元に埋めたり、杉の専門家が手入れをしたりと、たくさんの人々の愛と祈りによって、杉の木に子孫ができたのです。

講演会では、山口県から駆けつけてくれた素敵な女性二人（愛と笑いのフラダンサーとして活躍されているＭＡＮＡさんたち）が愛にあふれた「フラダンスのワーク」を行ない、みんなで楽しく踊りました。

最後は、私のワークでは恒例《こうれい》の「カニ踊り」(167ページ参照)です。

「すべてはうまくいっている!」

と大きな声で唱え、その場には笑いと涙あふれる人の輪が広がりました。

「時薬《ときぐすり》」という言葉がありますが、三年という歳月を経て、ようやくみなさんの心が少しずつ開かれてきたことを感じました。

私たち一人ひとりの「祈り」がつながっていくと、その力は目には見えないけれど、素敵な祈りの奇跡を起こすことができる。

今、私はそんな実感を持っています。

「見えないもの」には大切な意味がある

私にとって、祈ることは当たり前の習慣になっています。

小学生の頃につけていた赤い日記帳を開くと、幼いながらも懸命な祈りが綴《つづ》られていました。

〈一生懸命に勉強します！　親孝行もします！　だから、どうか体のことだけは、神様よろしくお願いします。何とか生きていけるようにお願いします〉

生まれつき難病を抱えていた私は、生き続けることができますようにと神様に望みを託し、祈り続ける日々を送っていました。あの頃は苦しみから逃《のが》れるために必死でしたが、祈ることで自分に課せられた宿命をなんとか乗り切れたと思います。

そして、祈ることで病気を克服でき、沖縄で大切な家族と暮らす夢も叶えられました。

ハーバード大学でも実証ずみの「不思議な治療効果」

私たちはなぜ、祈るのでしょうか?

それは、**祈りがもたらす不思議な力**を無意識のうちに知っているからです。

祈りはただのお願いごとではなく、宿命を乗り越えるパワフルな行動につながります。人生のハードルを越え、運命を変えるチャンスを引き寄せるのです。

私のクリニックでも祈りを取り入れてきましたが、医療の現場では祈りによって奇跡的な効果が見られることがあります。

遺伝子工学の権威である村上和雄先生の祈りに関する本で紹介されているエピソードが、心に残っています。

ある兄妹に起きた奇跡です。妹が病気のため、命の危険のある手術を受けなければならなくなりました。

そのとき、ずっと仲よくしていた兄は外国にいて、

「僕は妹が手術を受けるのに何もできない」

と思い、妹のために一生懸命祈り続けました。

すると、その祈りが届いたのでしょう。入院中の妹が手術前にもう一度検査を受けたところ、なんとすっかり病気が治っていたそうです。

アメリカでは実際に、**ハーバード大学やコロンビア大学などの研究機関で祈りによる治療効果の研究**が進められています。

また、イギリスではすでに医療における祈りの効果が認められていて、大きな

病院には祈りのチームがあります。

たとえば、ガン患者の治療に祈りを取り入れると、安心感を得たり、癒されたりというメンタルな効果だけでなく、実際に腫瘍《しゅよう》が消えたり、小さくなったり、進行が止まったりという効果のあることが実証されています。

なぜ日本には「祈りの場」が十六万カ所もあるのか

私の母も肺ガンを患い、抗ガン剤の投与で髪の毛がたくさん抜けたり、食欲がなくなるなど副作用に苦しみました。

そのため、私は抗ガン剤の点滴のパックに、ハート形の赤いシールをたくさん貼りつけて、投げキッスをしました。抗ガン剤を副作用を起こす「敵」と思わず、愛と感謝を送って祈ったのです。

すると、母は髪の毛が抜けなくなり、食欲も戻って少しずつ元気になっていきました。抗ガン剤が愛と感謝に感動して、副作用を出さないようにしてくれたのです。

私たちは、家族が病気になったり、困難に見舞われたりしたとき、自《おの》ずと祈ります。

また、日本ではそれぞれの地に**「祈りの場」**が根づいています。

お正月には神社やお寺へ初詣《はつもうで》に行き、一年間の無病息災《そくさい》を祈ります。季節のお祭りでは五穀豊穣《ごこくほうじょう》や家族の幸せを祈り、子供が生まれるとお宮参りをし、成長するごとに七五三のお祝いなどをします。

クリスマスには信者でなくとも教会のミサに出かけ、聖夜の祈りを捧げる人たちもいるでしょう。

日本全国にある神社やお寺の数を調べてみたら、神社は八万以上、お寺は七万以上、さらにキリスト教の教会は約八千あって、なんと**祈りの場は全部で約十六万カ所**もありました。

全国のコンビニエンスストアの数は約五万店なので、その三倍以上です。日本人はよく無宗教と言われますが、日常生活の中で祈りを大切にしていることがわかります。祈りが日常に溶け込んでいるのです。

「人の幸せを祈る」と自分にも返ってくる

では、どんな祈りには効果があり、どんな祈りには効果がないのでしょうか？それは、「どれだけの人をハッピーにしたいか」ということにかかっています。**人を幸せにする祈りは、自分にも幸せをもたらしてくれます**が、人を不幸せにするようなマイナスの祈りは、いずれ自分に戻ってくるのです。

このことについては、私が祈りについてくわしく書いた『一瞬で愛に満たされる祈りの奇跡』（廣済堂出版）もぜひ参考にしてみてください。

どれだけの人をハッピーにしたいと願うかで、祈りの効果が変わってくるという「祈りのしくみ」に気づくと、祈りの力はよりパワフルになります。そして、祈りをパワーアップするには、次の五つがポイントです。

①深刻にならずにリラックス！
②笑顔
③何事も「大丈夫！」と思う信念
④明るいイメージ
⑤愛を込める

「祈りの効果」はポジティブな信念があると、いっそう強くなるそうです。
明るい笑顔にあふれる未来をイメージし、愛を込めて祈りましょう！

「ああ、生きていてよかった！」

あなたはどんなとき、「ああ、生きていてよかった！　生まれてきてよかった！」と「生きる喜び」を感じますか？

美味しいものを食べているとき、好きな人と一緒にいるとき、家族と楽しく食卓を囲んでいるとき、面白い本や映画に夢中になっているとき……。

私たちがイキイキと目を輝かせて「生きる喜び」を感じるとき、**「第七感」**が全開になっています。

第七感とは、「生きる喜びを感じる感覚」のことです。

人間には本来、視《み》る、聴く、嗅ぐ、触れる、味わうという**「五感」**が備わっています。

さらに直感、インスピレーションとも言われ、五感を超えて物事の本質を鋭くつかむ心の働きである**「第六感」**があります。

そして、第六感の感度が強まると、生きる喜びを感じられる「第七感」の感度が高まるようになるのです。

「生かされていること」への感謝が心に湧いてくる瞬間

この第七感が磨かれるのは、自然の懐《ふところ》に抱かれていることを実感するときです。海辺で潮騒《しおさい》に包まれているとき、木洩《こも》れ日がきらめく森を歩いているとき、満天の星をぼんやりと眺めているとき……。

私も自然豊かな沖縄に移り住んでからは、朝はにぎやかな鳥の声で目覚め、清々《すがすが》しい空気を吸って「今日も私は幸せ！」と思えます。

「生きる喜び」を体いっぱいに感じるようになり、この「第七感の感覚」を日々味わっています。

そうした経験を積み重ねると、自分の命が生かされていることに感謝の思いが強くなります。この**「感謝」の思いは「祈り」の心に通じる**ものです。

そして、愛を込めた祈りは、宇宙に満ちている無限の愛と共鳴します。祈りのパワーは、この世に存在するすべてのものとつながっています。

人間も植物も、地球でさえも、もともとは素粒子からできています。そう考えると命あるもの、目には見えなくても私たちを取りまくものは、すべてもとは一つ。ですから、一つにつながっている。そう信じられたら、自分の中からこれまで感じたことのないような、すばらしい力が湧いてきます。

不安や恐怖が減っていき、何が起きても大丈夫と思える。「生きる喜び」を感じやすくなる……。

生きる喜びそのものを感じられる「第七感」が磨かれていくと、「運命」を切り拓くチャンスはますます増えていきます。

第七感から味わえる生きる喜びを知った人が**愛を込めて祈ると、必ず「奇跡」が起こり、幸せを実感できるようになる**のです。

幸せの答えは「私」の中にしか見出せない

私たち誰もが望む「**幸せ**」とは何でしょうか？

それは、**今ここに存在していることを心からうれしいと思えること**です。

モノやお金、社会的な地位や名誉が手に入ったからといって、魂が震《ふる》えるような幸せを実感できるでしょうか。

それよりも、一つひとつの体験を通じて泣いたり、笑ったりしている自分に対して、

「**生きていて本当によかった**」

と実感できることが、本当の幸せではないかと思います。

人と比べるのではなく、あるがままの自分を認め、自分自身の成長を見つめていく。そこにこそ幸せの本質があるのではないでしょうか。

メーテルリンクの童話『青い鳥』では、貧しい家庭に育ったチルチルとミチルの兄妹が幸せをもたらす青い鳥を探しに出かけます。「思い出の国」や「未来の国」を訪ねるけれど、青い鳥はどこにもいない。疲れ果て、ようやく我が家へ帰ってきた二人は鳥かごの中に、青い鳥を見つけました。

「幸せ」は外にではなく、自分の中にあるのだということに気づく物語ですが、そこには幸せの本質が表現されているのです。

「人生のシナリオ」を書くのは自分の魂であり、今の人生で求める幸せの答えは「私」の中にしか見出せないものなのです。

おわりに

あなたとの「出会いの奇跡」に感謝！

この本を読んでくださって、本当にありがとうございました。

奇跡について、少しでも新たな理解とヒントが得られたでしょうか？

そして、奇跡をあなたの人生に楽しく取り入れることができたでしょうか？

最後に、最近、私と患者さんが体験した奇跡的なエピソードをご紹介します。

職場の人間関係が原因でうつ病になった三十代の男性の話です。私の著作に出会って以来、講演会やワーク、ヒーリングセミナーにも参加するようになった方です。

やっと診療の予約が取れたと、うれしそうに沖縄まで来院されました。

「過去生療法」を行なうと、出てきた過去生のイメージは、なんとアメリカの宇宙飛行士でした。しかも事故で亡くなっているのです。

思えばそのときの彼の服装がちょっと変わっているのです。光沢のある白いジャンパーを着て、カリフォルニアと書かれたワッペンまでついていて、まさに宇宙服にそっくりなのですから……。

過去生治療をしたあと、彼も自分の前世が宇宙飛行士であることにびっくりして、「そういえば昔から宇宙服のようなジャンパーが大好きで三着持っています」と話していました。自分の過去生の職業に合わせたファッションをしたくなるのですね！

沖縄は暑いので、さすがに下は短パンでしたが、それも笑えました。

彼の直前の過去生がわかり、アメリカと取引をする会社に七年間も勤務していたので、そのつながりにも納得していました。

それにしても、直前の過去生が宇宙飛行士だとわかった瞬間の彼の目の輝きや、「先生、自信が持てました。これからまたがんばって生きていきます」

と言ったときの彼の笑顔に、私も感動しました。


診療後、もしかするとその彼が前世で生きた宇宙飛行士がインターネットで見つかるかもしれないと思い、スマートフォンで確認しました。

すると、探している条件とぴったりの人が見つかったのです。そのことを彼に電話で話したところ、同じように彼もスマートフォンでインターネットを調べてまったく同じ人を見つけていました。

「絶対にそうですよね！　今の僕と顔がそっくりですから。誕生日も三日違いでした」

と、彼も興奮して声がはずんでいました。

「過去生をスマートフォンを使って確認できる」というすごい時代になった――これこそ「奇跡」だと感じます。

私も自分の過去生療法に自信が持て、この方法をやり続けてきてよかったと、心底思えました。

私たちの人生は不思議です。

「奇跡」がいっぱいです。

この本ができあがるまでにも、さまざまな出会いの奇跡や奇跡的な出来事がありました。たくさんの方々に支えられ、一人ひとりのお名前をここでは書ききれないほどです。

心からの感謝の気持ちでいっぱいです。

そして今、こうして読んでくださったあなたとの出会いも奇跡です。あなたらしい「より感動的な人生」となるよう、この本が少しでもお役に立てれば、これほどうれしいことはありません。

どうぞ、**人生のすべてに意味があって、それを体験したくて今の人生を選んできたのだ**ということを知っておいてください。

それだけで、人生の「奇跡」をもっと体感できるようになります。

すべてはうまくいっている！　のですから――。

あなたがさらに輝いて、幸せで奇跡的な毎日を送れますよう、心から祈っています。

越智 啓子

本書は、小社より刊行した『一瞬で夢が叶う「奇跡」が起こる本』を、
文庫収録にあたり加筆・改筆・再編集のうえ、改題したものです。

自分《じぶん》のまわりに
「ふしぎな奇跡《きせき》」がいっぱい起《お》こる本《ほん》

著者　越智啓子（おち・けいこ）
発行者　押鐘太陽
発行所　株式会社三笠書房
〒102-0072 東京都千代田区飯田橋3-3-1
電話　03-5226-5734（営業部）03-5226-5731（編集部）
https://www.mikasashobo.co.jp
印刷　誠宏印刷
製本　ナショナル製本

 ISBN978-4-8379-6931-0 C0130

＊落丁・乱丁本は当社営業部宛にお送りください。お取替えいたします。
＊定価・発行日はカバーに表示してあります。

王様文庫

つい、「気にしすぎ」てしまう人へ

水島広子

こころの健康クリニック院長が教える、モヤモヤをスッキリ手放すヒント。◎「他人の目」が気にならなくなるコツ ◎「相手は困っているだけ」と考える ◎「不安のメガネ」を外してみる……etc. もっと気持ちよく、しなやかに生きるための本。

いちいち気にしない心が手に入る本

内藤誼人

対人心理学のスペシャリストが教える「何があっても受け流せる」心理学。◎「マイナスの感情」をはびこらせない ◎〝胸を張る〟だけで、こんなに変わる ◎「自分だって捨てたもんじゃない」と思うコツ……etc.「心を変える」方法をマスターできる本!

気くばりがうまい人のものの言い方

山﨑武也

「ちょっとした言葉の違い」を人は敏感に感じとる。だから……◎自分のことは「過小評価」、相手のことは「過大評価」 ◎「ためになる話」に「ほっとする話」をブレンドする ◎「なるほど」と「さすが」の大きな役割 ◎「ノーコメント」でさえ心の中がわかる

K30519